MIRIAMS HEBAMMEN
Vier Frauen spielen Christgeburt

Bibliografische Information der Deutschen Nationalbibliothek:
Die Deutsche Nationalbibliothek verzeichnet diese Publikation
in der Deutschen Nationalbibliografie;
detaillierte bibliografische Daten sind
im Internet über http://dnb.dnb.de abrufbar.

Herstellung und Verlag: BoD – Books on Demand, Norderstedt

ISBN: 9783746047546

1943: Frauen helfen einer jungen Jüdin, missbraucht von ukraini-
schen Helden.

Madonna der Garnhaspel. Nachahmung eines verschollenen Werkes des am 15. April 1452 geborenen Leonardo, Sohn eines Patriziers mit einer Landarbeiterin namens Catarina. Alessandro Vezzosi, Gründer des Museo Ideal in Vinci, bemerkt: „Viele wohlhabende und prominente Familien kauften Frauen aus Osteuropa und Nahost. Die jungen Mädchen wurden dann getauft. Die üblichsten Namen waren Maria, Marta und Catarina." Ein Fingerabdruck Leonardos zeigte ein Muster, das normalerweise nur unter Arabern gefunden wird.[1]

---

1 The Guardian, 12.April 2008: Da Vinci's mother was a slave, Italian study claims.

MIRIAMS HEBAMMEN
Vier Frauen spielen Christgeburt

Nach Jane Schaberg und Nilton Bonder
inszeniert von Konrad Yona Riggenmann

A Auf historischem Boden

Miriams Hebammen geben eine bodennahe Antwort auf einen hochfliegenden Text, der eine weltverändernde Empfängnis wie folgt beschreibt:

"... wurde der Engel Gabriel von Gott in eine Stadt in Galiläa namens Nazaret gesandt zu einer Jungfrau, die verlobt war mit einem Manne namens Joseph aus dem Hause Davids; und der Name der Jungfrau war Maria. Und er trat zu ihr hinein (εἰσελθὼν, eiselten) und sprach: „Sei gegrüßt, du Begnadete; der Herr ist mit dir." Sie aber erschrak über das Wort und sann nach, was dieser Gruß bedeuten solle. Der Engel sprach zu ihr: „Fürchte dich nicht, Maria, denn du hast Gnade gefunden bei Gott. Siehe, du wirst empfangen und einen Sohn gebären und ihm den Namen Jesus geben. Dieser wird groß sein und Sohn des Höchsten genannt werden. Und Gott der Herr wird ihm den Thron seines Vaters David geben ..." Maria aber sprach zu dem Engel: Wie wird dies geschehen, da ich keinen Mann erkenne?" Der Engel antwortete ihr: „Heiliger Geist wird über dich kommen, und Kraft des Höchsten wird dich überschatten; darum wird auch das, was geboren wird, heilig genannt werden, Sohn Gottes." (Lukas 1:26-35)

Unterhalb von Gott und Engel sagt der Text sehr irdisch körperlich: Maria *erschrickt* über einen, der *eintritt* und ihr *Gebären* ankündigt. Sie ist verlobt mit einem Mann und erkennt doch keinen Mann. Sie wird auch nicht gefragt; von Liebe ist da keine Spur, von Lust zu schweigen. Etwas wird *über sie kommen*. Über*schatten* (ἐπισκιάσει, episkiásei) wird sie eine Kraft, die also dunkel sein muss. Väter sind zwei genannt: *David* und *Gott*.

Mit literarischer Finesse packt der griechisch gebildete Autor um das Jahr 90 in eine gottesfürchtige Geschichte die Realität einer sehr unverhofft eintretenden, erschreckenden weil dunkel übergriffigen Empfängnis ohne vorherige Liebe. Und all dies, so Lukas, im Auftrag des göttlichen Herrn, dem Frau nicht widersprechen darf. Für die damaligen griechisch-römischen Leser des Evangeliums, die Zeus & Co. als sehr virile Götter kannten und wie diese ihre Frauen gut im Griff hatten, war das nicht allzu anstößig.

Zweitausend Jahre später stellt sich jedoch die Frage, welche kulturellen Nebenwirkungen diese Urszene für den Westen hatte. Was haben, nur zum Beispiel, christliche Abwertung des Körpers und der Gesetze der natura (des Geborenwerdens!), zugleich Hochhaltung des Zölibats und Untenhaltung der Frauen mit dem Vorbild der jungfräulich dienstbereiten Magd Maria zu tun?

Ihr eigentliches Gewicht bekam diese Urszene jedoch dadurch, dass der aus ihr hervorgegangene Sohn zum Vorbild des kreuzbraven Gehorsams wurde, dass dieses Bild seines Kreuzes den Genozid an Indios, Schwarzen und Juden rechtfertigend begleitete, noch heute den gewalttätigsten aller Kontinente prägt und die Botschaft heilsamer, erlösender Gewalt verkündet.

Eben dieser maskulinen Botschaft treten Miriam und die Hebammen entgegen, indem sie die angeblich freiwillig welterlösende Gewalt am Ende des Lebens Jesu auf dessen Anfang zurückführen.

Russische Ikonen, brasilianische Weihnachtskrippen, italienische Renaissancegemälde machen diese Anfang-End-Gewalt recht deutlich sichtbar, wenn sie neben diesem Kind, in der Krippe oder auf dem Schoß seiner Mutter, das Kreuz platzieren, an dem der Sohn dereinst qualvoll sterben wird, gemäß dem göttlichen Plan seines himmlischen Vaters.

Angesichts der furchtbaren Gewalt am Ende seines kurzen Lebens sei es Mirjams Hebammen erlaubt, die römisch-militärische Gewalt am Lebensende mit einem römisch-militärischer Gewaltakt am Anfang dieses Lebens zu verknüpfen.

Denn genau die Texte jener Bibel, die Miriam und Jesus weltbekannt machten, belegen, dass Jesus ein illegitimes Kind seiner Mutter war. „Mein Sohn bist du, heute habe ich dich gezeugt", sagt Gott zu seinem Sohn, und der antwortet: „Mein Vater bist du, mein Gott". Wer gibt diese Antwort? Jesus? Nein, König David ist dieser Sohn Gottes, im Psalm 2:7 (vgl. 89:27). Halt, sagt da der Christ: der David nennt Gott doch nur in dem Sinn „mein Vater" wie Jesus uns lehrte, diesen Gott „Vater unser" zu nennen. Aber dadurch lieber Christ, wird's noch komplizierter: Wenn Jesus seinen *Abba, Vater* den *Vater unser* nennt, was ist dann anders in speziell *seiner* Beziehung zu diesem *Vater von uns allen*? Was unterscheidet seine grausame Opferung von den kaum weniger grausamen Toden so vieler anderer Kinder Gottes, angefangen bei 50.000-100.000 anderen jüdischen Rebellen an Römerkreuzen, weiter über 13.000.000 Afrikaner auf Schiffsplanken ins christliche Amerika bis zu den 1300.000 Kindern in Europas Vernichtungslagern für die Jesuskreuziger?[2]

---

2 Juden: Telushkin 2001, p.507 f.; Afrikaner: Schützenberger, p.56.

Halten wir fest, dass biblische Texte diesen Sohn einer Jungfrau und Mutter von sieben Kindern (Mk 6:3) sowohl als Nachkommen Davids als auch Gottes darstellen. Was verbirgt sich in diesem Bar-Abbas-Dreieck eines Menschen, der einen so starken Bezug zum Vater ausstrahlte, dass Paulus ihn zum Sohn des Höchsten erklärte? Bleiben wir zur Sicherheit vorerst bei Jesus als dem Sohn Davids, denn hierfür kann man Altes *und* Neues Testament zu Zeugen nehmen. In schöner Eintracht nämlich deuten beide – im Evangelium des Matthäus, das quasi die Brücke zwischen beiden bildet – auf vier unmoralische Zeugungsakte, vier normfremd liebende Großmütter des Königs David, des Messias Jesus, Sohn der Miriam.

Matthäus: Jesu sündige Großmütter
„Buch der Abstammung Jesu Christi, des Sohnes Davids, des Sohnes Abrahams: Abraham zeugte den ...“ und so weiter. Mit diesen Anfangsworten leitet Matthäus vom „Alten“ über zum „Neuen Testament“ des Sohnes. Aber in der Versammlung von 40 bärtigen Ahnvätern im Stammbaum Jesu leuchten, wenn man genau hinschaut, fünf weibliche Kopftücher auf:
„Judas [sic!] zeugte den Perez und Serach von der **Tamar** ...“
„Salmon zeugte den Boas von der **Rahab** ...“
„Boas zeugte den Jobed von der **Ruth** ...“
„David zeugte den Salomon von der Frau des Uriah“ und diese Frau trug den Namen *Tochter Sebas*, kurz **Bathseba**.
„Jakob zeugte den Joseph, den Mann **Maria**s, von welcher Jesus geboren wurde, der Christus genannt wird“ (Mt 1, Vers 16).
Und der letztgenannte Vers hat ja nur Sinn, wenn Jesus seine väterlichen Gene nicht von Gott, sondern von Joseph bekam. Kein Sohn des Allerhöchsten? Das würde Pauli Sühneopfertheologie komplett unterminieren, denn nach dieser Lehre konnte ja nur Gottes eigener Sohn durch sein von Gott verlangtes Kreuzesopfer den Ungehorsam des ersten Adam (schuld war Eva) sühnen und den himmlischen Vater mit der sündigen Menschheit versöhnen. Ganz brav in diesem Sinne schreibt Matthäus im Vers 1:18: „Als seine Mutter Maria mit Joseph verlobt war, fand es sich, ehe sie miteinander lebten, dass sie empfangen hatte vom Heiligen Geist.“ Jetzt doch nicht Joseph? Also was nun, mit wessen Sperma?
Man sollte den Evangelisten Matthäus nicht für dumm halten. Natürlich war ihm diese vaterseitige Widersprüchlichkeit der Zeu-

gung Jesu in ein und demselben Kapitel seines Textes völlig klar. Voll bewusst hatte er aus den zwei Anfangskapiteln des Buches Chronik die Linie von Davids Vorvätern kopiert und die seiner Nachkommen so modifiziert, dass sich eine schöne Dreifachsymmetrie von 14 Generationen bis David, 14 bis zum Exil in Babylon und 14 von Babel bis Jesus ergaben – vorausgesetzt man zählte die fünfte Frau Maria als männliches Äquivalent. Matthäus' Neuausgabe ist durch und durch intentional. Aber was ist die leitende Absicht? Wollte er, der „unter Juden für Juden schreibt",[3] seine jüdischen Leser durch die vier Davidischen Großmütter zu einem vitalen Punkt der fünften Mutter führen, nämlich Maria von Nazaret? Es hilft auch nicht weiter, anzunehmen, er habe hier zwei inkompatible mündliche Traditionen einfach technisch schlecht zusammenfügen müssen, wie kleine Schraube und große Mutter. Viel eher wollte er, so ist zu schließen, sanft und respektvoll auf einen Umstand dieser kleinen Mutter Miriam hinweisen; auf ein offenes „Geheimnis" in Matthäus' jüdischer Umgebung, auf das er seine Leser mit der Aufzählung der vier Großmütter Tamar, Rahab, Ruth, Bathseba geschicktestens vorbereitet. Denn was für Kaliber von vier Frauen mussten das sein, um zwischen 40 gestandene Männer eingereiht zu werden?

Tamar kommt zum Kind: Stammvater Jakobs vierter Sohn Juda war nach Kanaan gezogen und hatte dort in „Mischehe" die Kanaaniterin Schua geheiratet. Sie gebar ihm drei Söhne namens Er, Onan und Schela, die zu jungen Männern heranwuchsen. Und „Juda nahm für seinen Erstgeborenen Er eine Frau namens Tamar." Dieser Er jedoch stirbt bald. Nun war der zweite Sohn Onan verpflichtet, die Witwe zu heiraten, um seinem toten Bruder Nachkommen zu verschaffen. Also keine ausgesprochene Liebesheirat, und kein Wunder, dass Onan nun zwar nicht das macht, was nach ihm benannt wurde, aber Coitus interruptus, jedes Mal, und „ließ den Samen zur Erde fallen." Weil das nicht gesund ist und zudem „Jahwe missfiel, was er tat", stirbt auch Onan. Nun muss Tamar warten, bis der dritte Sohn Schela ins heiratsfähige Alter kommt, um ihr als Hausband zugewiesen zu werden. Sie wartet vergeblich. Schwiegervater Juda, inzwischen selbst verwitwet, macht keine Anstalten, dieser schwarzen Witwe zweier Söhne nun seinen dritten Sohn zu geben. Nach der Trauerzeit zieht der Witwer Juda zur Schafschur nach Timna. Am Eingang des Dorfes Enajim sieht er eine verschleierte Prostituierte sitzen, und um

3 Arenhoevel et al., Jerusalemer Bibel, p.1364.

den Preis eines Ziegenböckleins willigt sie ein. Da Juda zwar voll Bock hat, aber null Böcklein dabei, muss er statt dem Tierchen Siegelring, Schnur und Stab als Pfänder dalassen. Na gut, man tut's.

Drei Monate später wird Juda gemeldet: „Deine Schwiegertochter Tamar hat sich vergangen und ist infolge ihrer Unzucht schwanger geworden." Nun, mit so einer macht der Clanchef nicht viel Federlesens: „Führt sie hinaus! Sie soll verbrannt werden!" Aber die Verurteilte legt dem Patriarchen drei Gegenstände des Mannes vor, der sie geschwängert hatte: Siegelring, Schnur und Stab. Angesichts solch peinlicher Souvenirs des Schafschurstündchens muss Juda bekennen: „Sie ist im Recht gegen mich. Warum habe ich sie nicht meinem Sohn Schela zur Frau gegeben?" (Gen 38). Und das Kind der Schande, des Inzests, wird Perez genannt und Stammvater Davids.

Rahab hurt und heiratet: Hatte Jesu Ururur~großmutter Tamar nur kurz mal eine Hure spielen müssen, um gegen den Patron zu ihrem Recht zu kommen, so ist seine Urur~großmutter Rahab richtig vom Gewerbe und wohl auch nicht knapp an Kunden in der Großstadt Jericho. Dorthin schickt Feldherr Josua, der Sohn des Nun, eines Tages zwei Spione. Die übernachten bei Rahab, fallen jedoch auf und Madame wird gebeten, ihre verdächtigen Kunden herauszugeben. Die sind schon weg, sagt Rahab, doch wenn ihr schnell seid, kriegt ihr sie noch! Dann geht sie rauf aufs Dach, wo sie die Spione unter Flachsstengeln versteckt hat, und nimmt ihnen das Versprechen ab, an ihr, an ihrem Vater, ihrer Mutter, ihren Brüdern und Schwestern Barmherzigkeit zu üben, wenn die ganze Stadt zerstört wird. An einem Strick lässt sie die zwei James Bonds durch das Bordellfenster hinab, denn ihr Haus lag an der Stadtmauer" (Jos 2:15).
Wenig später rückt das Volk Gottes zur Eroberung Jerichos an. Josua lässt die Bundeslade siebenmal um die Stadt tragen, lässt sieben Priester in sieben Widderhörner blasen, und am siebten Tag beim Posaunenschall geht erstens die Stadtmauer zu Boden, bevor zweitens die Bewohner niedergemacht werden.

Denn die Mauern fallen hin
Und die Stadt wird gemacht dem Erdboden gleich
Nur ein lumpiges Hotel wird verschont von jedem Streich
Und man fragt: Wer wohnt Besonderer darin? (...)
Und an diesem Mittag wird es still sein am Hafen
Wenn man fragt, wer wohl sterben muss.

Und dann werden sie mich sagen hören: Alle!
Und wenn dann der Kopf fällt, sag ich: Hoppla!
Und das Schiff mit acht Segeln und mit fünfzig Kanonen
Wird entschwinden mit mir.

Nein, diese Rahab hört man nicht den Siegerkriegern „Alle!" befehlen oder „Hoppla!" sagen, wie Brechts Seeräuberjenny es gnadenlos tut. Aber diese Rahab-Jenny von Jericho, inklusive „ihren Vater, ihre Mutter, ihre Brüder und alle, die zu ihr gehörten" führt man aus dem Etablissement hinaus „an einen sicheren Ort", und sie blieb „mitten in Israel wohnen bis auf den heutigen Tag" (Jos 6:25). Und zwar in keinem Freudenhaus, denn im neuen Lebensabschnitt wurde Rahab erst ehrbare Gemahlin, dann Mutter eines Sohnes und zweite Schwiegermutter der Ruth. Matthäus nämlich weiß, 1200 Jahre später, von der Ex-Dirne zu erzählen: „Salmon zeugte den Boas von der Rahab, und Boas zeugte den Jobed von der Ruth".

Ruth legt sich zum Hurensohn: „Zur Zeit der Richter kam eine Hungersnot ins Land; da machte sich ein Mann aus Betlehem in Juda mit seiner Frau und seinen zwei Söhnen auf, um in den Gefilden Moabs als Fremder zu weilen." Moabs Frauen, späte Enkelinnen Lots aus dem Inzest mit seiner älteren Tochter, sind berühmt für ihre Schönheit. Beide Söhne des Migrantenpaares heiraten bald, die Bräute heißen Orpa und Ruth, doch wieder sterben beide jungen Ehemänner. Ihr Vater Elimelech war schon vor ihnen gestorben, und seine Witwe Noemi macht sich nun, da in Judäa wieder Regen, Milch und Honig fließen, auf den Rückweg in die Heimat. Beide Schwiegertöchter weinen, „Ruth aber klammerte sich an sie" und lässt sich nicht davon abhalten, mitzuziehen. „Denn wo du hingehst, will auch ich hingehen, wo du weilst, will auch ich weilen; dein Volk ist mein Volk, und dein Gott ist mein Gott."
Angekommen in Betlehem, ergreift Ruth den Broterwerb, der den Ärmsten offensteht: auf abgeernteten Feldern Ähren nachzulesen. Zufällig gerät sie auf das Feld des Boas, der zufällig gerade aus Betlehem herauskommt und seine Schnitter sofort fragt: „Wem gehört diese junge Frau?" – „Diese junge Frau", erfährt er, „ist die Moabiterin, die mit Noemi zurückkehrte ... So ist sie gekommen und war vom Morgen bis jetzt auf den Beinen." Boas ist von der fleißigen Schönen angetan: „Geh nicht von hier weg, sondern halte dich an meine Knechte da ... Ich habe den Knechten verboten, dich zu

belästigen. Und wenn du Durst hast, geh zu den Krügen und trinke von dem, was die Knechte schöpfen.' Liebe geht durch den Magen: „Komm her, iss von diesem Brot und tunk es in den Weinessig", sagt Boas zur Essenszeit und überschüttet die Schöne, anstatt mit Komplimenten, so doch mit einem Berg von knusprig duftendem Röstkorn. Abends bei der Schwiegermutter strahlt Ruths Verliebtheit ihr wohl aus allen Knopflöchern. Das freut Noemi und sie fragt: „Meine Tochter, soll ich dir nicht eine Ruhestatt suchen, damit es dir gut gehe? Ist Boas, dessen Knechten du gefolgt bist, nicht unser Verwandter? Nun, heute Abend worfelt er die Gerste auf seiner Tenne. Darum wasche und salbe dich ... "

Nach der frühsommerlichen Arbeitsspitze legt sich Rahab's Sohn spätabends auf der Tenne zur Ruhe nieder. Und so dezent beschreibt die Bibel, wie eine starke Frau – ganz ohne Anmache – zum Ziel kommt: Als Boas schläft, kommt Ruth „ganz leise herzu, deckte den Platz zu seinen Füßen auf und legte sich hin. In der Mitte der Nacht", als es den Arbeitgeber an den Füßen fröstelt, sieht er dort eine Frau liegen. „Wer bist du?" fragt er naiv. „Ich bin Ruth, deine Magd. Breite deinen Gewandzipfel über deine Magd, denn du bist der Löser.'" Boas ist jedoch nur der zweite „Löser", sein Anrecht auf das Erbe seines Verwandten inklusive Witwe ist nur nachrangig. Da aber der erste Löser aufgrund materieller Erwägungen auf die nicht allzu gute Partie verzichtet, wird Ruth die Frau des Boas, „und sie empfing, und sie gebar einen Sohn". Noemi ist happy über den Enkel, und ihre Freundinnen sagen ihr, warum: „Denn deine Schwiegertochter, die dich liebt, hat ihn geboren. Mehr ist sie dir wert als sieben Söhne."

Die Wirkmacht weiblicher Schönheit – mit der Tamar wohl am wenigsten, Rahab beruflich angemessen, Ruth bestimmt gesegnet war – diese Anziehung kann man bei der viertgenannten Ahnfrau Jesu, zur Zeit von König David, in betörender Stärke finden:

Bathseba badet und erliegt: „Die Frau war von sehr schönem Aussehen ...", nämlich die junge Frau, die König David, sich abends auf dem Dach seines Palastes ergehend, in anderem Revier sich baden sieht. Spontan lässt Spanner David diese Bathseba zu sich rufen, wohnt ihr spontan bei, worauf sie, kein Wunder nach dem Bad zum Ende ihrer Monatstage, schwanger wird. Leider war diese Kirsche in Nachbars Garten verheiratet mit dem Hethiter Uriah, einem Offizier im Heere Davids. Um ihm das Kind unterzujubeln, beordert David seinen Militär auf Heimaturlaub; aber Uriah, entweder zu asketisch oder zu gut informiert, schläft lieber außerhalb bei seiner Truppe. Plan B: „Stellt den Uria in den heftigsten Kampf vorne hin", schreibt David seinem Feldherrn Joab. „Dann zieht euch hinter ihm zurück, damit er getroffen wird und den Tod findet."

So kommt der Todesengel zu Uria, und David zu Bathseba, die ihm als Ehefrau nun einen Sohn gebiert. Erst als der weise Nathan ihm Bathseba als das „einzige Lämmchen" vorstellt, das dem Armen „wie eine Tochter" war, jedoch vom Reichen gnadenlos „genommen" und als Gastmahl „zubereitet" wurde (2 Sm 12:3), geht der Mann so vieler Frauen in sich. Als er bereut, fährt Nathan fort: „So wird Jahwe dich nicht töten, nur dein Sohn wird sterben." David fastet, schläft zur Buße auf dem Boden, und bricht seine Selbstbestrafung erst nach dem Tod des Kindes ab: „Da es nun aber gestorben ist, was soll ich da noch fasten? Kann ich es etwa wieder zurückholen? Ich werde zu ihm gehen, aber es kehrt nicht zu mir zurück." Dann tröstet er die weinende Bathseba, „ ... und wohnte ihr bei. Sie empfing und gebar einen Sohn; und sie gab ihm den Namen Salomo."

Vier starke Frauen, vier fruchtbare Amouren und die eine Frage: Warum hat der Evangelist Matthäus diese vier in Jesu Stammbaum platziert, bevor er von der fünften, von Maria anfängt?

Die amerikanische Theologin Jane Schaberg bemerkte, dass alle vier Präfigurantinnen der Maria keine geborenen Jüdinnen waren. Rahab und wahrscheinlich auch Tamar waren Kanaaniterinnen, Ruth eine Moabiterin, Bathseba, als Frau des Hethiters, wohl selbst Hethiterin. Im Licht der späteren (zu Jesu Zeiten gültigen) jüdischen Bestimmung, dass Jude sei, wer von einer jüdischen Mutter abstamme, bedeutet dies, dass die Söhne aller vier Frauen keine Juden waren und doch zu Vorvätern Salomos wurden.[4] Maria allerdings war Jüdin. Wollte Matthäus also sanft andeuten, dass diesmal nicht die Mutter, sondern der (ungenannte) Vater Ausländer war?

Jane Schaberg erkennt vier gemeinsame Merkmale der vier anstößigen Frauen;[5] Merkmale, die ich im Blick vor allem auf Rabbi Nilton Bonders Sicht in seinem Buch "A Alma Imoral" (Die unmoralische Seele) leicht abgewandelt formuliere:

1. Alle vier befinden sich außerhalb patriarchalischer Familienstrukturen; im Clinch mit, und misshandelt durch die Regeln der Männerwelt: Tamar und Ruth sind kinderlose junge Witwen, die ihr Recht

---

4 Schaberg, p.21.
5 Schaberg, p.32-33.

erkämpfen, indem sie ältere Männer verführen; Rahab gelingt es, ihre Familie genau durch ihren männerdominierten, Männer dominierenden Broterwerb zu retten; Bathseba ist erst eine Ehebrecherin zwischen zwei Kriegern und kann dann, als Witwe des ersten und Prinzgebärerin für den zweiten, ihr eigenes lebendiges Erbe ins Zentrum sozialer Macht lancieren.

2. In ihren sexuellen Handlungen nehmen alle vier eine Schädigung der sozialen Ordnung und ihre eigene Verurteilung in Kauf.

3. Allen vieren, anfangs entrechtet, übermannt, gedemütigt durch Männer, gelingt es, verachtete Beziehungen mit Männern in sozial und individuell positive, Leben wahrende Bedingungen zu wandeln.

4. Dabei kommen allen vier Frauen Männer zu Hilfe, die eigene Schuld anerkennen und/oder Verantwortung für Frau und Kind übernehmen.

Ausgehend von diesen vier Gemeinsamkeiten schließt Schaberg auf die Agenda des Autors: „Die Erwähnung dieser vier Frauen dient dazu, die Leser des Matthäus zur Erwartung einer anderen, finalen Geschichte einer Frau zu führen, die in mehrfacher Hinsicht zu einer *misfit* wird; die teilhat an einem Sexualakt, der sie in große Gefahr bringt; und deren Geschichte ein Ergebnis hat, welches das soziale Gewebe repariert und die Geburt eines Kindes sichert, das legitim oder legitimiert ist. Dieses Kind, erzählt uns Matthäus (1:1) ist ‚der Sohn von David, der Sohn von Abraham.'"[6]

Aber Matthäus' vier Ahnmütter Davids bilden noch in andrer Art ein Ensemble der anbahnenden Hinführung: Die vier Urgroßmütter des Messias präsentieren im Quartett ein ziemlich komplettes Vierfachbild amoralischer Sexualakte und Norm verletzender Zeugung: Inzest (Tamar), Prostitution (Rahab), berechnende Verführung (Ruth) und Ehebruch (Bathseba). Was noch fehlt, ist die abstoßendste Form illegitimer sexueller Begegnung: durch Gewalt.

Gezeugt durch Gewalt
In Joshua Sobols Drama „A Mensch", kommt die junge Scheindl mit zerrissenem Kleid auf die Bühne:

Gebirtig: Scheindl? Was ist geschehen?
Scheindl: Tot!

---

6 Schaberg, p.32-36.

15

Gebirtig: Was?
Scheindl: Ein Polizist hat mich beim Bagelverkaufen erwischt, er
hat mich in einen verlassenen Hof geschleppt.
Gebirtig: Sag nichts mehr ... Hauptsache, du lebst!
Scheindl: Ich bin ganz schmutzig.
Gebirtig: Du bist ganz sauber, Scheindl. Schmutzig – ist er.
Scheindl: Wenn ich schwanger werde, dann ...
Gebirtig: Ich bin der Vater. Dein Kind ist mein Kind ...

In diesem Fall ist der Schreiner, Dichter und Musiker Mordechai Gebirtig der Mann, der seiner Verlobten Scheindl so zu Hilfe kommt und „Verantwortung für Frau und Kind" übernimmt, wie Schaberg es in den Fällen Tamar, Rahab, Ruth, Bathseba erkennt. Der Fall der Miriam von Nazaret ist grundsätzlich anders. Wenn sie durch einen römischen Gewaltakt schwanger wurde, wie Schaberg annimmt, treffen die Merkmale 1 und 2 nicht auf sie zu. Miriam befand sich nicht außerhalb patriarchaler Familienstrukturen; keine zivilisierte „Männerwelt" wird Vergewaltigung offen als Regel akzeptieren; und Miriam handelte nicht aktiv, nahm nichts in Kauf. Durchaus möglich oder gar wahrscheinlich ist jedoch, dass, entsprechend Schabergs Merkmalen 3 und 4, auch ihr, wie Scheindl, ein Schreiner zu Hilfe kam, um in „Leben wahrende Bedingungen" zu wandeln, was als „Übermannung" begann.

Nazaret, ein Frühlingstag im Jahr 3 vor Christi Geburt. Die Legionäre kamen kurz vor Mittag, zwei Kohorten. Am späten Nachmittag, als sie wieder abzogen, waren vierzehn Frauen und acht Mädchen vergewaltigt, von denen neun Monate später, dem Herrn sei Dank, nur drei in die Wehen kamen. Miriam, die Verlobte des Schreiners Josephs, war eine von ihnen ...

So könnte es gewesen sein.

In seinem Weihnachtsspiel „Bariona oder Der Sohn des Donners" lässt Jean-Paul Sartre den Rebellen sagen: „Soldaten werden in unser Dorf kommen wie letztes Jahr in Hebron? Sie werden unsere Frauen vergewaltigen und unsere Tiere mitnehmen"?[7]

Auch so könnte es gewesen sein.

Was historisch vorging, beschreibt der brasilianische Rabbiner Nilton Bonder: „Es geschah in der Periode der römischen Invasion Palästinas, dass die Juden eine wichtige Änderung ihrer Rechtsprechung durchführten. Hatten sie bisher eine patrilineare Tradition ge-

---

7 Sartre: Bariona oder Der Sohn des Donners, 2. Szene.

pflegt, in welcher Rechte, Titel und Identität vom Vater auf den Sohn übergingen, wurde das Judentum nun matrilinear: es etablierte die Beziehung zwischen einer Generation und der nachfolgenden nun zwischen Mutter und Sohn. Schon während der ersten Jahrzehnte der römischen Besetzung Palästinas erkannten die Juden die Notwendigkeit einer gravierenden Abwandlung ihrer Familiengesetze" – und in Anbetracht des starken jüdischen Festhaltens an patriarchaler Texttradition mussten starke Gründe vorliegen, um „eine solch radikale Verfassungsänderung mit diesem Berg von Konsequenzen" zu rechtfertigen.

Nazaret, am Ort gemalt von David Roberts (1796-1864) im Jahr 1842.

Die Änderung zur mütterlichen Linie geschah nicht *zufällig während*,[8] sondern „*genau wegen* der römischen Besatzung. Gewalttätig in der Behandlung ihrer Eroberten, waren die römischen Legionen bekannt für eine schon während früherer Besetzungen geübte Praxis: Vergewaltigung. Für das römische Heer hatte die Macht, sich die Töchter der Nation zu nehmen, die symbolische und genetisch faktische Be-

---

8 Lisa Katz: „Sometime during the Roman occupation and the Second Temple period, a law of matrilineal descent, which defined a Jew as someone with a Jewish mother, was adopted. By the 2nd century CE, it was clearly practiced." (judaism. about.com/od/whoisajew/....htm).

deutung, sich dieser Nation *ad usum proprium* selbstzubedienen. Die geschändete Familie, die räuberische Enteignung ihrer Kontinuität, die von einem fremden Volk inseminierten Gebärmütter Israels waren für das Judentum", meint Rabbi Nilton Bonder, eine „allzu frontale Attacke auf's Überleben. Dass diese Mädchenbäuche die Welt mit Söhnen Roms beschenken würden, bedeutete mehr als nur die Plünderung der Gegenwart und Ausradierung der Geschichte Israels. Es bedeutete, sich seine Zukunft einzuverleiben. Die Matrilinearität bedeutete die legale Lösung für den Status dieser vaterlosen Kinder Israels und stellte sicher, dass sie die Kontinuität eines Volkes bilden würden, das sich nicht würde unterwerfen lassen. Besonders in den Fällen von Vergewaltigung, wo die Kinder den Status von Bastarden hatten, wurde ein neues symbolisches Verständnis der Situation notwendig." Das Problem waren „die Kinder ohne Väter. Jemand musste die Vaterschaft annehmen für diese Kinder, die keine Randgruppe darstellten, sondern die Hoffnung auf Verwandlung einer Tragödie in ein Wunder. Gott selbst – keinem Geringeren als dem Schöpfer – würde es zufallen, diese Vaterschaft zu übernehmen [...] Dies ist die Perspektive der Macht der Niedrigen, wie sie in der hebräischen Kultur präsent ist: der Niedrigste, der Schwächste, der die Härten des Lebens und der Ungerechtigkeit am meisten erfuhr, der ist in Wirklichkeit der Superman."

Zum Beispiel Moses: Frucht des Inzests von Jokebed mit ihrem Neffen Amram, gerettet durch den Ungehorsam der Hebammen Shifra und Puah, dahergeschwommen im Binsenkörbchen, während Moses' Schwester Miriam Schmiere stand, um der Tochter des Pharaos die Kindesmutter Jokebed als Amme unterzujubeln. Auch hier sind es fünf Frauen, die an der Messias-Rettungskette mitwirken. „Es obliegt der Frau", sagt Nilton Bonder, „den Samen zu bewahren, auch unter Anwendung von Strategien, die der herrschenden Moral widersprechen. In dieser Perspektive der Bewahrung ist der Messias im Bilderalbum der Menschheit der Subversive, Verneiner, Ketzer. In allen diesen Fällen bahnt die Frau, durch die Verfehlung durch, den Pfad der Humanität ..." Deshalb konnten seine jüdischen und seine vielen weiblichen Sympathisanten Jesu Ursprung in römischer Gewalttat nicht nur akzeptieren, sondern ihn sogar als legitimierendes Faktum nehmen. In einer Ära sexueller Gewalt, auf welche das Judentum reagierte, indem es „die Söhne namenloser Väter als Söhne *des Vaters* identifizierte" und „den illegitimen Sohn in *den legitimsten* transformierte" konnte ein römischer Gewaltakt als raison d'etre eines Kindes messianische Zuschreibungen nicht hindern, sondern stärken ... Die Reinheit Jesu ist nicht genetisch und er ist kein Vertreter des ‚Korrekten'. Er symbolisiert eine Möglichkeit, an die seine Tradition, die jüdische, immer glaubte: Die Gewalt der Vergangenheit überschreitend zu einer besseren Welt zu kommen."[9] Schon vor Bonder hatte Jane Schaberg (1938-2012) die jungfräuliche Empfängnis des Jesus als patriarchale Verdrehung und Maskierung der macho-real sehr erniedrigenden, illegitimen Herkunft des Gottessohnes bezeichnet: „Die Gründe für die Auslöschung und Ersetzung der Tradition seiner illegitimen Herkunft sind sicher komplex. Aber fundamental erscheint mir, dass diese Tradition in einer patriarchalen Form des Christentums nicht weitergegeben werden konnte. Innerhalb dieser patriarchalen Struktur und Denkweise war die illegitime Empfängnis Jesu ein so tiefer Skandal, ein so ‚unpässlicher' Ursprung, dass sie schlichtweg verdrängt werden musste." Auf dieser historischen Basis kommt Schaberg zu einer neuen, humanistischen Deutung: „Ich stimme zu, dass die Doktrin der jungfräulichen Geburt eine Verdrehung und eine Maske ist, aber ich denke, hinter ihr liegt die Tradition der illegitimen Geburt. Unmaskiert beschenkt uns diese Tradition mit reicheren menschlichen Realitäten und deshalb mit tieferem theologischem Potential." In schönem Konsens mit Rabbi Bonder erklärt die Ex-Nonne Schaberg: „In diesem Fall zeigt sich eine Subversion patriarchaler Familienstrukturen: das illegitim empfangene Kind wird so gesehen: es hat Wert – transzendenten Wert – in und von sich selbst, nicht in seiner Bindung und der Bindung seiner Mutter an einen biologischen oder legalen Vater. [...] Die von mir angebotene Lesart der Erzählungen als Trägerinnen der Tradition von Jesu Illegitimität unterstützt und präzisiert den Anspruch, dass Maria die Unterdrückten repräsentiert, die befreit wurden; sie wird zu einem Symbol, ‚dessen Macht eine Macht des Zugangs zur Realität ist.'"[10]

Lukas: Aus der Niedrigkeit
Die Perspektive von niedriger Geburt und höchster Bedeutung, vom Tiefstart zur humanen Größe kennzeichnet das Evangelium, dem christliche Folklore die weihnachtliche Herbergsuche und das Jesuskind im Kreis von Schafen, Ochs und Esel verdankt. Lukas, der

---

9 Bonder 1998, p. 88-98 und 123 f.; Hervorhebungen: K.Y.R.
10 Schaberg, p. 195-199.

Arzt und Weggefährte Pauli, beweist seine Ader für Idylle im Bild der Schafhirten am Lagerfeuer, „und sie fanden Maria und Joseph und das Kind, das in der Krippe lag" (2:16).

Virginis partus: Der Jungfrau Geburt, aus der ersten von einer Frau verfassten Enzyklopädie, dem Hortus Deliciarium der Herrad von Landsberg (ca.1125-1195): Niedrigstmögliche Geburt (Stabulo ponitur qui continet mundum – in den Stall wird gelegt, der die Welt umfasst) und ein junger, nachdenklicher Ziehvater Joseph im Abseits.

Der Welterlöser in der Futterkrippe: Dass Lukas anscheinend vertikale Spannung liebte, hilft zu verstehen, was er wohl andeuten wollte mit dem Kontrast der zwei Empfängnisgeschichten, die er dem Christ-Krippe-Kontrast voranschickte.
In der ersten Erzählung ist es der alte Priester Zacharias, dem im Tempel die wundersame späte Schwangerschaft seiner alten Frau Elisabeth angekündigt wird – vom Engel Gabriel. In der zweiten erschreckt derselbe hochrangige Engel Gabriel eine junge Frau zutiefst, indem er ihr ankündigt, sie werde empfangen, und das Kind werde „Sohn des Höchsten genannt werden, und Gott der Herr wird ihm den Thron seines Vaters David geben". Eilig geht Maria ins Gebirge. Keine posttraumatische Flucht vom Tatort Nazaret, nein, zur schwangeren Cousine geht die Reise der allein dahinziehenden Schwangeren, und siehe, „als der Klang ihres Grußes an Elisabeths Ohr drang, hüpfte das Kind in ihrem Schoße". Und die späte Mutter Elisabeth singt das „Magnificat", zum Hochpreis dessen,

der „niedergeschaut auf die Erniedrigung [ταρείνωσιν, tapéinosin] seiner Magd", der „Gewaltige vom Thron stürzt" und „Niedrige erhöht". Das Wort jedoch, welches in der ältesten griechischen Bibelübersetzung, der „Septuaginta", für „Erniedrigung" verwendet wird, nämlich ταρεινόω (tapéinoo, niedrig machen, erniedrigen, demütigen, schwächen)[11] bezeichnet im Buch Genesis (34:2) für Dina, die Tochter Leas, sowie im Buch Richter (19:24-20:5) für zwei andere Opfer dreimal die sexuelle Erniedrigung von Frauen.[12] Dina war von Sichem, dem Sohn des Landesfürsten, kaum erblickt, schon spontan entführt worden und er „wohnte ihr bei, indem er sie vergewaltigte" – was zu einem rächenden Blutbad führt. Im Buch der Richter bietet ein alter Einwohner von Gibea, um einen Gast zu beschützen und das „böse Gesindel" seiner Stadt zu befriedigen, dem Mob seine jungfräuliche Tochter an, und der Gast gibt den Kerlen seine Zweitfrau als Zugabe, „und sie taten ihr die ganze Nacht bis zum Morgen Gewalt an", was zu einem Rachefeldzug von homerischem Ausmaß führt.

Elisabeths Geschick ist der glücklichst mögliche Kontrast zu diesen Vergewaltigungen. Sie hatte in ihrem judäischen Bergdorf als Unfruchtbare gegolten. Kinderlosigkeit wurde damals allgemein als Fehler der Frau verstanden – und als ihr schlimmstes Unglück. Der „unfruchtbare Schoß" galt als Strafe für Sünden (Lev 20:20-21) oder zumindest als verursacht dadurch, dass Gott diese Frau „vergessen" hatte (1 Sm 1:11).

Warum entschloss sich Lukas, Marias Empfängnisgeschichte durch die ihrer viel älteren Cousine vorzubereiten, durch eine Tief-Hoch-Geschichte mit happy end im Dank an den, der herniedersah, „meine Schmach vor den Menschen wegzunehmen"? Weil, erklärt Jane Schaberg, verglichen mit der Kinderlosigkeit einer alten Frau „die Erniedrigung einer verlobten Jungfrau, die – ob nun verführt oder vergewaltigt – schwanger wurde durch jemand anderen als ihren Anverlobten, bei weitem schlimmer war ... Im Gegensatz zur Erniedrigung der Unfruchtbaren (Jesaja 54:1-3; 1 Sm 2:5) wurde für diese Art von Erniedrigung keine Erhöhung in Aussicht gestellt."[13]

Die durch „Dürre des Schoßes" gedemütigte Elisabeth war von Gott erwählt worden, damit sie den Vorbereiter Johannes den Täufer zur Welt bringe; doch der Geburt des Erlösers aus dem erwählten Schoß

---

11 Langenscheidts Taschenwörterbuch Altgriechisch, 1990.
12 Schaberg, p.95 und 138.
13 Schaberg, p.103.

der Maria musste eine unvergleichlich tiefere Erniedrigung vorausgehen. Entsprechend höheren Wert gibt Lukas dem sündlos reinen Stammbaum Jesu: 15 Generationen länger als Matthäus' Liste, zwar über David, Boas, Perez, Juda führend, aber völlig frauenfrei und endend in den drei ersten Männern: „Seth, Sohn des Adam, Sohn Gottes". Das heißt, der Jesus ist Sohn Gottes im selben Sinn wie David et ceteri, im gleichen Sinne auch wie alle Kinder Adams. Und was wäre absurder als dass Gott, quasi sein eignes Erbgut auffrischend, nochmals zeugend hätte eingreifen müssen bei der Verlobten des Joseph, auf den die ganze Leiter im Anfangsvers (3:23) so vielsagend *glaubte*-haft aufbaut: „Als Jesus auftrat, war er etwa 30 Jahre alt und, wie man glaubte, der Sohn Josephs ..."?

Markus: Jesus ben Miriam

"Dein Ältester ist, wie man glaubt, der Sohn von ...": Was würde dieser Satz damals wie heute für die angesprochene Mutter bedeuten? Was Markus die Nazarener Nachbarn dieser Mutter über ihren Sohn sagen lässt, ist kaum weniger offensiv: „Ist das nicht der Zimmermann, der Sohn der Maria und Bruder des Jakob, Joses, Judas und Simon, und leben nicht seine Schwestern bei uns?" (**Mk 6:3**).
Da ein Mann in der Männergesellschaft Palästinas üblicherweise nach dem Schema „Josef-ben-Jakob", „Simon-bar-Yona", also „X – Sohn des – Y" vorgestellt wurde, ist die Redeweise „Sohn der Maria" ungewöhnlich; vielleicht auch bewusst ehrverletzend? Schaberg urteilt vorsichtig, es sei nicht bewiesen, dass diese Ruf- und Verrufweise im ersten nachchristlichen Jahrhundert gültig oder unüblich war. „Aber es ist ein späteres gesetzliches Prinzip im Judentum, dass ein Mann illegal ist, wenn er nach dem Namen seiner Mutter gerufen wird, denn ein Bastard hat keinen Vater."[14] Gerd Lüdemann sagt es unverblümt: „Als historisch ist zu erschließen, dass die Bezeichnung Jesu als ,Sohn der Maria' bereits in seinem Heimatort gegen ihn geäußert wurde. Die Wendung ist dann als Hohnwort zu bezeichnen, das den Finger auf einen wunden Punkt der Abstammung Jesu legt."[15]
Wenn im Palästina der Jahre 30-70 öffentlich auf diesen wunden Punkt gedeutet wurde, ist es kein Wunder, dass der erste Erzähler Markus der einzige des neuen Testamentes blieb, der den unaufhaltsam zum Sohn Gottes avancierenden Jesus so dubios als Sohn

---

14 Schaberg, p.160 f.; vgl. Lüdemann, p.60 f.
15 Lüdemann, p.61.

der Maria benannt werden lässt. Kein Wunder auch, dass der zeitlich zweite Evangelist Matthäus an dieser Stelle den ihm vorliegenden, älteren Text von Markus diskret abändert, um Jesus korrekt durch seinen Vater zu identifizieren. Indem er in die Nachbarnfrage einen arbeitsamen Vater einbaut – „Ist das nicht der Sohn des Zimmermanns?" – wird die zweite Frage nach dem „Sohn der Maria" völlig unverfänglich: „Heißt seine Mutter nicht Maria?" (Mt 13:55). Der dritte Evangelist Lukas (4:22) stellt dann, noch korrekter, an dieser Textstelle auch den Namen des „Vaters" ein: „Ist das nicht der Sohn von Joseph?" Und beim letzten Evangelisten Johannes (6:42) ist dann die ehrbare Familie perfekt: „Ist das nicht Jesus der Sohn Josephs? Kennen wir nicht seinen Vater und seine Mutter?"

Johannes: Aber du schon!

Trotzdem findet sich auch bei diesem spätesten, körperlosesten, am meisten vergeistigten Evangelium des Johannes, geschrieben gut vier Generationen nach Jesu Geburt, eine derbe Anspielung (8:41) auf dessen dunkle Herkunft, nämlich in einer Debatte Jesu mit den Pharisäern, die sich so aufschaukelt: „Wir sind Nachkommen Abrahams" – „Ich weiß, aber ..." – „Unser Vater ist Abraham." – „Wenn ihr Kinder Abrahams wäret ..." - „Wir sind nicht aus Hurerei geboren" (*Hýmeis ek pórneias ou gegennémetha*). So fremd wie das Wort *pórneias* aus dem Kontext heraussticht, so präzise deutet die Stichelei auf eben das, was ungesagt bleibt: „... aber du schon!" Die Passage ist delikat genug, um einen bunten Strauß von Übersetzungen zu produzieren: „We are not illegitimate children" (New International Version, 2011); „We of whoredom have not been born" (Young's Literal Translation); „We were not born of sexual immorality" (World English Bible). Trocken resümiert Jane Schaberg: „Die Juden reagieren auf Jesu Infragestellung ihrer religiösen und spirituellen Legitimität mit einer Infragestellung seiner fleischlichen Legitimität."[16]

Thomas: Sohn der Porné

Im nicht kanonischen Evangelium nach Thomas (Gesamttext ca.100-110, Fragmente ab 40-70) lautet das Logion 105 lakonisch: „Jesus sagte: ,Wer den Vater und die Mutter kennen wird, er wird Sohn einer

---

16 Schaberg, p.157.

porné (πόρνη, Hure) genannt werden'." Lüdemann kommentiert: „Jesus spricht hier über sich und sein besonderes Verhältnis zu seinem Vater und seiner Mutter ... Diese Aussage bezieht sich wohl auf die Tradition hinter Johannes 8:41, deren Inhalt von Anfang an von nichtchristlichen Juden ... gegen seine legitime Geburt gerichtet wurde." Der prominente Neutestamentler hält diese Jesusworte des schon von frühen Kirchenvätern genannten Krypto-Evangeliums, das erst 1945 in Nag Hammadi als vollständig erhaltenes Exemplar entdeckt wurde, zwar nicht für authentisch. „Sie reflektieren aber historische Gegebenheiten."[17]

Zu diesen Gegebenheiten gehört vorrangig auch die Familie, deren weibliches Zentrum die Jungfrau-Mutter von Nazaret war.

Miriams reparierte Familie

Nur 40 Kilometer westlich von Nazaret liegt die Heimatstadt des palästinensischen Kirchenvaters Eusebius von Caesarea (ca.260-340), der einiges über die Jungfrau schrieb, die zur kinderreichen Ehefrau wurde. Zunächst berichtet er über das Jahr 62, als Miriams zweiter Sohn Jakobus, der „Bruder des Herrn" (Gal 1:19) hingerichtet war und die christliche Gemeinde von Jerusalem, bis dahin geleitet von Jakobus, einen Nachfolger wählen musste: „Nach dem Märtyrertod des Jakobus und der bald darauf folgenden Zerstörung Jerusalems kamen die noch lebenden Apostel und Jünger des Herrn mit dessen leiblichen Verwandten zusammen, denn auch von letzteren waren manche noch am Leben." Als Nachfolger des Jakobus wählten sie einstimmig „Symeon, den Sohn des Clopas, *den das Evangelium erwähnt*, als würdig für den Bischofssitz dieser Gemeinde. Er war ein Cousin – so sagt man jedenfalls – des Erlösers; denn in der Tat berichtet Hegesippus, dass Clopas der Bruder Josephs war ... und ein Onkel des Herrn."

Den das Evangelium erwähnt? Genau gesagt ist es Vers 19:25 des Johannesevangeliums, wo „Maria die Frau des Clopas" mit Jesu Mutter, deren nicht namentlich benannter Schwester und Maria Magdalena unter Jesu Kreuz stehen. Dass Clopas Marias Ehemann war, bestätigt auch der frühe anatolische Kirchenvater Papias, der um das Jahr 70 zur Welt kam und bis 140 ausführlich über mündliche Traditionen

---

17 Lüdemann, p.807. Ich korrigiere Lüdemanns offensichtlich irrige doppelte Verneinung bezüglich der Angriffe „nicht-christlicher Juden ... gegen seine illegitime Geburt" durch „legitime".

24

schrieb, sowie der Kirchenhistoriker Hegesippos (ca. 100-180), den Eusebius so zitiert: „Gemäß Hegesippos war Clopas der Bruder von Joseph [und] ein Onkel des Herrn." Die Puzzleteile von Jesu Familie fallen schön an ihre Plätze, wenn wir annehmen, dass nach Josephs frühem Tod sein Bruder Clopas seine verwitwete Schwägerin in einer sogenannten Leviratsehe zu sich nahm, um „zu bauen das Haus seines Bruders" (Dt 25:9);[18] wenn gemäß Tabors Darlegung alle von Markus (6:3) aufgezählten Jesusbrüder Jakobus, Joses, Judas und Simon die Söhne von Clopas und Stiefbrüder Jesu waren; und wenn in Markus' Trias von „Maria Magdalena, Maria der Mutter des Jakobus, und Salome" (16:1) die Salome schlicht die Stiefschwester Jesu war – und die Schwester von Judas, dem notorischen Verräter, dessen Enkel Jacob and Zocher (d.h. Zacharias) von Eusebius, dem „Vater der Kirchengeschichte" mit folgendem Rapport geehrt werden: „Auf des Domitian Befehl, die Nachkommen Davids hinzurichten, sollen nach einem alten Berichte einige Häretiker die Nachkommen des Judas, eines leiblichen Bruders unseres Erlösers, angezeigt haben mit dem Bemerken, sie stammen aus dem Geschlechte Davids und seien mit Christus selbst verwandt. Hegesippos berichtet darüber wörtlich: ‚Noch lebten aus der Verwandtschaft des Herrn die Enkel des Judas, der ein leiblicher Bruder des Herrn gewesen sein soll. Diese wurden als Nachkommen Davids gerichtlich angezeigt. [Im Verhör sagten sie, ihr Vermögen bestünde] im Werte eines Feldes von nur 39 Morgen ... Hierauf zeigten sie ihm ihre Hände und bewiesen durch die Härte ihrer Haut und durch die Schwielen, welche sie infolge ihrer angestrengten Arbeit an ihren Händen trugen, dass sie Handarbeiter waren ... Sie aber erhielten nach der Freilassung, da sie Bekenner und Verwandte des Herrn waren, führende Stellungen in der Kirche", was in Schoeps' Lesart „Gemeinden in Galiläa" meint.[19] Die Ausgrenzung ihres Großvaters als Verräter hatte um das Jahr 80 begonnen. Während das um 70 geschriebene Markusevangelium (6:3) Jesu Brüder als „Jakobus, Joses, Judas und Simon" aufzählt, rückt zehn Jahre später Matthäus (13:55) ihn vielsagend ans Ende: „Heißt nicht seine Mutter Maria und seine Brüder Jakobus und Joseph und Simon und Judas?" In beiden Evangelien enthält die Apostelliste (Mk 3; Mt 10) nur einen Judas, nämlich den Iskariot. Lukas

---

18 Hegesippos in Eusebios, Historia Ecclesiastica 3.11; 4.22 (unifr.ch/bkv/kapitel50-21.htm; vgl. Tabor, p.105; Wikipedia-Artikel „Klopas").
19 Schoeps, Hans-Joachim, p.30; Eusebios, Historia Ecclesiastica, 3:19-20. Die Namen von Judas' Enkeln erwähnt Kirchenhistoriker Philip of Side (ca. 380-431).

(6:16) dagegen unterscheidet einen „Judas von Jakobus" (Bruder oder Sohn?) von einem „Judas Iskariot, der Verräter wurde (*Ioudan Iakobou kai Ioudan Iskarioth, hos géneto prodotés*). Der vierte Evangelist Johannes hat keine Apostelliste. Aber den, der „ihn verraten sollte" und der in den anderen drei Evangelien entweder als Bruder von Jesus und Jakobus oder als Sohn des Jakobus, ergo Neffe Jesu gilt, nennt er „Judas Sohn von Simon Iskariot" (6:71). Damit sind wir wieder bei Simon Clopas, Marias zweitem Mann, den Johannes hier anscheinend als Radikalen outet – wenn wir annehmen, dass Iskariot sich von den militanten „sikarii" herleitet.

Und Paulus, der erste und wichtigste Autor des Neuen Testamentes? Er versichert den Korinthern (1 Kor 15:5), dass der auferstandene Jesus zuerst Petrus, dann "den Zwölfen" erschienen sei – also allen einschließlich Judas. Auch das „Evangelium nach Petrus", das Bischof Serapion schon 200 n.C. erwähnt hatte, lässt den Judas weiter dabeisein. Ein Fragment dieses Evangeliums, gefunden 1886 im Grab eines ägyptischen Mönchs, endet so: „Nun war der letzte Tag der ungesäuerten Brote, und viele gingen weg, zurück zu ihren Häusern, da das Fest vorbei war. Aber wir, die *zwölf* Jünger des Herrn, weinten und waren traurig: und jeder einzelne, bekümmert wegen dem, was geschehen war, brach auf nach seinem Heim ...".[20]

Im casus Judas des abendländischen Ur-Verräters müssen rechtgläubige Theologen letztlich mit vier Personen rechnen. Alle Evangelien erwähnen den ominösen Judas Iskariot, den Johannes (6:71) als „Judas Sohn von Simon Iskariot" benennt; „Judas der Bruder Jesu" wird präsentiert von **Mk 6:3** und **Mt 13:55**, während **Lukas (6:16)** einen „Judas Sohn des Jakobus" beistellt, der aber im griechischen Text nur „Judas des Jakobus" heißt und in der Tat ja dessen Bruder war. Fehlt noch der Autor des zweifellos kanonischen Judasbriefes, als Vierter eines Quartetts, das Maccoby mit britischem Humor nimmt: „Die Vermehrung von Judassen ist selbst ein kurioses Phänomen."[21] Auch bezüglich des Judas-Perfidas und nach so viel *Juda verrecke* verraten also die Evangelien selbst, nebst anderen hoch seriösen Quellen, eine ganz andere Geschichte: von Bruder Judas als einem der vorher und nachher engsten Vertrauten Jesu, von einem weiteren Sohn von Simon Clopas und Mama Maria, vom Großvater zweier ihrer Urenkel und Mitglied ihrer Großfamilie.

---

20 Maccoby 1992, p.88.
21 Maccoby 1992, p.175.

Ihre moralischen Verteidiger

Der nordafrikanische Kirchenvater Tertullian (er selbst der legitime Sohn eines römischen Offiziers), schreibt um etwa 197 gegen jüdische Behauptungen, Jesus sei der Sohn einer Prostituierten gewesen (Quaestuariae Filius; De Spectaculis 30:6). Tertullian, der die Freuden des Theaterspiels bekämpfte und ewige Höllenstrafe gläubig bejahte, gibt zu, dass ihn diese Behauptungen in Rage bringen; und zwar so sehr, dass er sich wünscht, dereinst mitansehen zu können, wie der Herr die Verleumder züchtigt: „‚Das ist er', werde ich dann sagen, ‚der Sohn des Zimmermanns und der Hure. Das ist der, den ihr von Judas kauftet, der mit Rohr und Faust geschlagen, mit Spucke besudelt wurde.'"[22]

Der italienische Kirchenlehrer Origenes (185-254), der die Menschlichkeit Jesu erfreulich stark betonte, hielt es für nötig, auf die wohl bekannteste und philosophisch qualifizierteste dieser Hurensohn-Attacken abwehrend zu antworten. Nämlich auf das christen- und judenkritische, interkulturell vergleichende Werk, welches der renommierte Philosoph Celsus um 178 in Alexandria geschrieben hatte – und dessen letzte Exemplare spätestens nach der Einführung des Christentums als Staatsreligion vernichtet wurden.[23] Nur dank Origenes' Streitschrift „Contra Celsum" blieben die Behauptungen des Celsus erhalten. Über den dubios gezeugten Sohn schreibt Celsus, dieser sei aus einem jüdischen Dorf gekommen, wo er geboren war „von einer armen Landfrau, die ihren Unterhalt durch Spinnen verdiente." Diese Frau sei „verdorben oder verführt", jedenfalls schwanger geworden von einem Soldaten namens Pandera (1:69) und dann „herausgeworfen von dem Zimmermann, mit dem sie verlobt war, da sie des Ehebruchs überführt war (1:32). Während sie elend herumwanderte, brachte Miriam im Geheimen Jesus zur Welt – schreibt Celsus, übrigens ähnlich wie Mohammed in Sure 19, wo Meryem sich „an einen entlegenen Ort" zurückzieht und dort in die Wehen kommt, mit Bach und Dattelpalme als Hebammen.

Origenes' Antworten auf die Darstellungen des Celsus sind zwiespältig. Er gibt es zunächst als Meinung wieder, dass „alle diese Dinge zusammenstimmen mit den Prophezeiungen, dass Jesus der Sohn Gottes ist (1:28). Origenes scheint Celsus' Porträtierung von Jesus und Maria als Außenseitern zu akzeptieren, wobei er alles zu-

---

22 Efroymson: Tertullian's Anti-Judaism, p.125 (nach Michael, p.26).
23 Giuliana Lanata (Hg): Celso. Il discorso vero. Milano 1987, p.10-13 (ich zitiere dies, ungeprüft, nach wikipedia, Eintrag „Kelsos").

gesteht – außer Celsus' Schlussfolgerung, dass Jesu Anspruch, Gott zu sein, nicht bestätigt sei. Was dem Sohn der Spinnerin nicht zukam – edle Abstammung, angesehene Eltern mit ausreichenden Mitteln, um ihrem Kind eine gute Ausbildung zu gewähren – all dies sei, so Origenes, nur das dunkle Passepartout, vor welchem Jesu Aura umso heller strahlte. Denn Jesus, das ledige Kind der Handarbeiterin, „mit dem geraden Gegenteil all dieser Dinge" ausgestattet, war trotzdem fähig, beharrt Origenes, „die von ihm Hörenden zu erschüttern", sich Geltung zu verschaffen und berühmt zu werden (1:29). Seine Reputation sei siegreich über „alle Anklagen, die darauf zielten, ihn in schlechten Leumund zu bringen (1:30).

In 1:32 jedoch bläst Origenes, vielleicht die eigene Courage fürchtend, zum Gegenangriff: „Lasst uns schauen, ob diejenigen, die diese Fabeln blind zusammenbrauten, über den Ehebruch der Jungfrau mit Panthera, und vom Zimmermann, der sie dann ablehnte; ob sie diese Geschichten nicht erfanden, um seine wunderbare Empfängnis durch den Heiligen Geist zu verdrehen? Denn diese Fälschung der Geschichte hätten sie geschickter machen können ... ohne gegen ihren Willen zuzugeben, dass Jesus nicht aus einer normalen menschlichen Ehe geboren wurde." Ungeschickt, da unvernünftig war die Fälschung: „Kann man vernünftigerweise annehmen", fragt Origenes rhetorisch, „dass derjenige, der so Großes für das Menschengeschlecht gewagt hat ... nicht einen wunderbaren Ursprung gehabt habe, sondern den gesetzwidrigsten und schimpflichsten von allen?" Jesu große Seele, sagt Origenes, verdiente einen Körper in Übereinstimmung mit seinem Charakter, wogegen aus einer solchen „verbrecherischen Verbindung" wie jener zwischen Panthera und der Jungfrau nur „ein Lehrer der Zuchtlosigkeit" zum Nachteil der Menschheit hervorgehen würde (1:33; vgl. 6:73).

Ein gutes Plädoyer klingt anders. Origenes' Rekurs auf eine übernatürliche Einfügung Jesu in Marias Körper nach „verborgenen Gesetzen" spiegelt Celsus' Sicht einer illegitimen Zeugung eher wieder als sie zu widerlegen. Celsus selber wiederum hatte weitgehend die Falldarstellung im jüdischen Toldoth reflektiert, wo Jesu Lehrer eine entscheidende Rolle in der Entwicklung dieses galiläischen Teenagers spielten, indem sie ihm bezüglich seines Ursprungs in Marias Körper schonungslos unreinen Wein einschenkten.

Toldoth Jeschu: Raus mit dem Mamser

Sä sefer toledoth Adám" – „Dies ist das Buch von Adams Nach-kommen". So lautet der erste Satz von Genesis Kapitel 5, und schon der Buchtitel „Tol(e)doth Yeshu" erscheint als bittere jüdische Ironie gegen einen nebulösen Rabbi, den der dubiose Paulus als den „zweiten Adam" präsentiert hatte (Röm 5:12). Celsus kannte das Toldoth sicher, Luther schmähte diese „Geschichten Jeschu" als jüdische Provokation, Diderot zitierte sie affirmativ in seiner Enzyklopädie.[24] Und Pinchas Lapide sieht in dieser antichristlichen „Schmähschrift" zwar ein Schema „so primitiv wie das der evan-gelischen Schönschrift", gesteht aber zu, dass diese jüdische „Ge-schichte Jesu" auf mündlichen Überlieferungen des 1.Jahrhunderts basieren könnte.[25] Noch frühere Wurzeln vermutet Jane Schaberg, die annimmt, dass „die Grundlage der Tradition auf die Familie Jesu zurückgeht, wahrscheinlich auf Maria oder die Brüder und Schwestern Jesu". Denn Gerüchte verbreiten sich besonders schnell, sag's aber nicht weiter, in Kleinstädten wie Nazaret mit seinen damals höchstens 400 Einwohnern. „Wenn die Geschichte über das Wie und Wann der Empfängnis Jesu eine Familientradition war, ist es schwer vorstellbar, dass sie vielen mitgeteilt wurde. Viel eher wäre sie verständlicherweise geheim gehalten worden. Aber Lecks und Gerüchte waren möglich, besonders in der Heimatstadt, und ihre Verbreitung kann man sich während und nach Jesu Wanderung leicht vorstellen, speziell über die Lippen derjenigen, die Jesu Ansprüche oder die seiner Jünger nicht akzeptierten."[26]

Nicht akzeptiert: das ist genau was, gemäß diesem Toledoth Jeschu, der junge Antiheld Jeschu war. Denn der Teenager von Nazaret war zwar ein sehr guter Schüler – vielleicht deshalb, weil „früher Schrecken" eines Kindes oft „durch übermäßiges ‚Bravsein' und hohe Leistungen kompensiert wird"?[27] Eine biedere Karriere verbaute er sich jedoch, leider, durch mangelnde Ehrfurcht und sogar trotzige Widerworte gegenüber seinen Lehrern.

Das Toledoth beginnt mit seiner Geburt: „Miriam gebar einen Sohn und nannte ihn *hoschua*, d.h. Josua, nach dem Namen des Bruders seiner Mutter. Als aber offenbar wurde *kilkulo*, d.h. der Makel seiner Geburt, da wurde er Jeschu, d.h. [römisch!] Jesus, genannt. Es gab

---

24 Weiss, John 1997, p.23 (Luther) und 41 (Diderot).
25 Lapide 1974, passim.
26 Schaberg, p.153-155.
27 Janus, p.49.

ihn aber seine Mutter in ein *Bes Hamedras*, d.h. in ein Haus des Studiums, und er lernte ... und er wurde sehr weise in der Torah und im Talmud." Zum Stolperstein wurde ihm die Anstandsregel, „dass weder ein *Bachor* [Schüler] ... noch ein Jüngling" mit „unbedecktem Haupt" den alten Herren gegenübertreten durfte, „sondern er musste mit bedecktem Haupt stehen *ki avél*, d.h. wie trauernd, die Augen auf den Boden geheftet", zu Ehren der gelehrten Scholaren. Eines Tages aber ging dieser kluge Schüler am Tor des Lehrhauses, man stelle sich vor, „mit geradem Hals und bloßem Haupt" an den ehrenwerten Lehrern vorüber „und bat nicht um den Frieden für jeden von ihnen". Starkes Stück! Als einer der Gelehrten ihn tadelt, legt der Schüler mit einer hierarchiekritischen Schriftauslegung noch eins drauf: „Wie kann Moses der größte aller Propheten sein, da er selber Rat bei Jethro suchte?" Erbost über so viel Chutzpe, murren die Gelehrten: „Woher bietet er uns die Stirn? Lasst ihn uns ausforschen!" Was herauskommt, ist eine holprige Geschichte, bezeugt von Rabbi Shimeon ben Shetach, eine Geschichte mit einer verlobten Maria, bei der ein zudringlicher Betrunkener unter dem Vorwand, er sei ihr Verlobter, in wohl sehr dunkler Nacht erstens Eingang findet, um sie zweitens zu bedrängen, obwohl sie ihm erklärt: „Rühre mich nicht an, denn ich habe die Menstruation". Als dann nach Mitternacht auch der richtige Verlobte bei ihr anklopft, wundert sich Miriam: „Das war nicht deine Gewohnheit, seit dem Tag, da ich dir verlobt wurde, dass du zweimal in einer Nacht zu mir kommst." Und so kommt es auf, dass sie hereingelegt wurde.
Exkurs nach Griechenland: Das Motiv der Verwechslung von legitimem und perfidem Partner scheinen die jüdischen Autoren des Toledoth mit gezielter Ironie aus der Sage des Amphitryon genommen zu haben. Während der Soldat Amphitryon den Feldzug gegen die Taphier führt, wird seine junge Frau Alkmene vom Göttervater Zeus verführt, der die Gestalt ihres Ehemanns angenommen hatte. Herakles, das Kuckuckskind des Zeus, kommt dann in einer quasi amphibischen Geburt zusammen mit seinem Zwillingsbruder Iphikles zur Welt, und stirbt am Ende, verraten von seiner Frau, einen grausamen Opfertod. *Anfitrião* ist übrigens bis heute das portugiesische Wort für Gastgeber, und der gehörnte Ehemann ist wirklich gastfreundlich: Er zieht seinen Iphikles zusammen mit dem Herakles auf.
Anders in Nazaret: Hier verlässt der Gehörnte in tiefer Beschämung seine hereingelegte Verlobte, geht nach Babylon. Der Name des Betrunkenen, von dem die betrogene Maria schwanger wird, ist

Joseph ben Pandera. Nachdem „die Schandtat öffentlich gemacht worden war", musste nun, rund 15 Jahre später, auch Marias jetzt halbwüchsiger Sohn Jeschu seine Heimat Nazaret sofort verlassen.[28] Von der Schule geflogen, ging der *mamser*, der unrein Gezeugte, entweder ins obere Galiläa oder nach Jerusalem, gemäß verschiedenen Varianten des Toledoth Jeschu.

Der Fakt, dass Rabbi Shimeon ben Shetach im ersten Jahrhundert vor Christus lebte, diskreditiert nicht das Toledoth als Ganzes. Travers Herford betont das Bild eines rebellischen Schülers Jesus und seiner harschen Abbürstung seitens seiner Lehrer als wiederkehrende Figur der wenigen und fragwürdigen Erwähnungen des Jesus im Talmud. Als historisch verlässlich erscheint zumindest ein Rabbi Eliezer, seinerseits ein Schüler des Rabbi Yohanan ben Zaccai, der „sicher Jesus gesehen und gehört hat." Und dieser Rabbi Eliezer sagte, er habe „debattiert mit einem Schüler von Yeshu ben Pandira".[29]

Panthera, der Panther

Wie käme der Betrunkene, der gut genug Hebräisch spricht, um nächtens bei Miriam Einlass zu finden, zu diesem römischen Namen eines Raubkaters? Seitens christlicher Forscher wurde „Pantera" lange als Verballhornung von „parthenos" (Jungfrau) und als jüdische Attacke auf die jungfräuliche Empfängnis gedeutet – bis dann beim Bau einer Bahnstrecke anno 1859 rheinländische Bauarbeiter bei Bingerbrück auf ein hartes Faktum stießen: jenen Grabstein, welcher die theologische Verjungfräulichung des Pantera „unhaltbar machte".[30]

Ein harter Fakt, denn hier war, mit Werkzeugen des ersten Jahrhunderts, genau der Name eingemeißelt, den Celsus, Toldoth und Talmud im zweiten bis vierten Jahrhundert mit Tinte schrieben. „Panthera", so Jane Schaberg, „war ein häufiger griechischer Eigenname, der in vielen lateinischen Inschriften des frühen Kaiserreichs gefunden wird, besonders als Beiname römischer Soldaten. Eine Inschrift auf einem Epitaph in Deutschland zum Beispiel erwähnt einen Bogenschützen aus Sidon, Tiberius Julius Abdes Pantera, der im Jahr 6 nach Christus von Syrien kommend hier stationiert wurde."[31]

Im Gebiet von Bingen am Rhein hatte die Einheit des gebürtigen

---

28 Callsen et al., p.41-49.
29 Travers Herford, p.52 f. und 352.
30 Nicholls, p.14.
31 Schaberg, p.167.

Libanesen, von Syria Palestina kommend, um das Jahr 9 n.C. Quartier bezogen, wie Tabor präzisiert. Archäologisch belegt ist ihre dortige Stationierung zwischen etwa 43 und 70 n.C.

Zwischen Libanon und Nazaret, nur eine Stunde Fußmarsch von Miriams Elternhaus entfernt, lag das antike hellenistische Sepphoris, das im Jahr 4 n.C. von römischen Truppen zerstört wurde, zur Vergeltung für einen Aufstand unter dem Rebellenführer Judah ben Hezekiah gegen die pro-römischen Herodier nach dem Tod Herodes des Großen.

Die Historiker Horsley und Silberman beleuchten die genaueren Umstände des Falls von Sepphoris: Im März des Jahres 4 v.Chr. war der Rom hörige, von vielen Juden wegen seiner idumäischen Herkunft nicht anerkannte 69-jährige König Herodes nach langer Krankheit gestorben. Sein Sohn und Nachfolger Archelaos hatte auf die sofort aufflammenden Rebellionen mit aller Härte reagiert. Tausende von Tempelpilgern hatte seine Kavallerie in Jerusalem zur Zeit des Passahfestes niedergemacht. Doch auf die Nachricht vom Jerusalemer Aufstand hin erhoben sich messianische Führer in allen Regionen, und jeder hoffte, als neuer König proklamiert zu werden. Neue Rebellennester formten sich in den Dörfern von Judäa. „In Galiläa leitete ein gewisser Judah, Sohn eines berühmten, Jahre zuvor von Herodes hingerichteten Banditenchefs, seine Anhänger in einer wütenden Attacke durch die Straßen von Sepphoris, brach ins gut sortierte Waffenlager ein und räumte Schätze sowie luxuriöse Möbel aus dem Palast des Statthalters. Die Römer reagierten mit der zu erwartenden Härte. Der Statthalter von Syrien, Quinctilius Varus, setzte sich sofort mit zwei Legionen südwärts in Marsch, unterstützt von den mobilisierten Streitkräften der hellenistischen Städte und der anderen loyalen Fürsten der Region. Im Herbst hatte die römische Armee viele der Städte und Dörfer des Landes durchgekämmt, fast alles vergewaltigend, tötend und zerstörend, was ihnen zu Gesicht kam. In Galiläa wurden die Zentren der Rebellion brutal unterdrückt; die von Rebellen gehaltene Stadt Sepphoris wurde niedergebrannt und alle überlebenden Einwohner in die Sklaverei verkauft."[32]

Auf diese Weise löschte der Kommandeur Publius Quinctilius Varus das Feuer der Rebellion mit Blut, auch dem von 2000 Menschen, die er damals in ganz Palästina kreuzigen ließ. Sepphoris platt, Rebellen kaputt, man konnte dem Feldherrn Varus gratulieren, der jedoch 13 Jahre später in Teutonias dunklen Wäldern seinen Karriereknick

---

32 Horsley/Silberman, p.18 ff. (vgl. Carroll, p.83).

erleiden sollte. Hat Panthera, nun in seinen späten Dreißigern, die Aufreibung dreier Legionen durch den römischen Bürger und Ex-Legionär Arminius gesund genug überlebt, um im Dienst zu bleiben, mit Kameraden Rhein- und Moselwein zu bechern und mit 62 Jahren in Bingerbrück, nicht fern vom Ufer der Nahe, ehrenvoll bestattet zu werden? Hat es irgendeine Bedeutung, ob er dieser Ehren wert war oder ob, durch göttlichen Zufall, unter zahllosen Pantheras (von denen der protestantische Theologe Adolf Deißmann schon 1906 immerhin ein halbes Dutzend im 1.Jahrhundert belegte) gerade er der Vater dieses Jesus war, den er nie kannte?

Links/Mitte, Fundort Bingerbrück: Grabstein des TIBerius JULius ABDES PANTERA, aus SIDONIA, ANNO LXII (d.h. im 62. Lebensjahr), STIPENdio XXXX MILITIS (im Sold seit 40 Jahren), EXS (Exsignifer, ehemaliger Standartenträger?) bei der COH I. SAGITTARIORUM, der ersten Pfeilschützenkohorte, H · S · E (Hic Situs Est – Hier liegt er).
Rechts, Fundort Bonn: Grabstein des Signifer PINTAIVS PEDILICI F(ilius), gekleidet in das Fell eines Raubtiers, mit dessen Kopf auf seinem Helm und Tatzen überkreuz auf seiner Brust. Inschrift: ASTVR TRANS/ MONTANVS (Asturier von jenseits der Pyrenäen) CASTEL(lo)/ INTERCATIA (aus der befestigten Stadt Intercatia), SIGNIFER/ C(o)HO(ortis) V ASTVRVM (Signifer der 5.Asturierkohorte) ANNO(rum) XXX STIP(endiorum) VII/ (im Sold seit 37 Jahren), H(eres) EX T(estamento) F(aciendum) C(uravit): Der Erbe ließ es gemäß Testament machen.

Tatsächlich kann James Tabor[33] Indizien aufzählen, die zumindest die Panthera-Hinweise von Celsus und Rabbi Eliezer bestätigen:

- Der streng orthodoxe Bischof Epiphanios (~320-403), geboren in Beit Guvrin südlich von Jerusalem, schreibt der Tradition um „Jesus ben Panthera" eine „gewisse Glaubwürdigkeit" zu, deutet sie aber so: „Jacob Panthera" sei der Vater des Joseph gewesen, und somit Jesu Großvater;
- Abdes ist die latinisierte Form des aramäischen ebed, was „Diener Gottes" bedeutet; die Beinamen Tiberius und Julius sind in reiferem Alter angenommene „cognomina" und zeigen, dass Panthera nicht römischer Bürger durch Geburt, sondern eventuell ein freigelassener Sklave war, der von Kaiser Tiberius aufgrund des geleisteten Militärdienstes das römische Bürgerrecht erhielt;
- Seine Heimatregion Sidon (die Jesus nach Mk 7:24 kurz besuchte) liegt nur etwa 70 Kilometer von Sepphoris und 90 Kilometer von Nazaret entfernt;
- Seine Bogenschützenkohorte wurde im Jahr 6 n.Chr. nach Dalmatien und 9 n.Chr. von dort in das Gebiet zwischen Rhein und Nahe verlegt.

Tabors These erklärt nicht, wie die Geschändete und ihre Familie den Namen des Täters erfuhren. Immerhin, der Libanese Panthera sprach Marias Sprache, seine Kameraden nannten vielleicht seinen Namen („Komm jetzt, Panthera"); als Signifer trug er zumindest zur Parade ein Raubtierfell, und vielleicht war er schon berüchtigt in diesem Dorf von etwa hundert Familien. Der Panthera von Bingerbrück kannte wohl zumindest Nazaret, und vieles mag dem Libanesen durch den Kopf gegangen sein als er, nicht lange nach der Kreuzigung des Sohnes von Maria in Jerusalem, an Vater Rhein sein Leben schloss. Seltsame Koinzidenz, wenn Jesu Vater just in dem Land gestorben und begraben wäre, wo Martin Luther später im Tischgespräch sagte: „Die Zerstörung von Jerusalem war grausam und bejammernswert. Doch selbst für Gott war es zuviel, seinen einzigen Sohn vor den Toren der Stadt gekreuzigt zu sehen."[34] Jesu Vater beerdigt just in dem Land, wo die Zerstörung des jüdischen Volkes geplant und umgesetzt wurde mit all dem Strafzorn, den die Totquälung des Un-

---

33 Tabor, p. 86-94; Adolf Deißmann: Der Name Panthera. In: Orientalische Studien, Gießen 1906, p.871-875 (nach Tabor, p.429 und seiner website).
34 Isaac, p.290.

schuldigen, zur Versöhnung des Vaters oben, tausend Jahre lang in christlichen Kindern erweckt hatte!

Lapide vermutet, dass auch Joseph am Rebellenkreuz starb. „Nicht auszuschließen ist die Annahme, dass Joseph zu jenen frommen Freischärlern gehörte, die sich der Befreiungsbewegung Judas, des Galiläers, anschlossen, bis General Varus sie auseinandertrieb, ihre Häuser zerstörte und 2000 von ihnen kreuzigen ließ – als der Sohn Josephs noch ein Knabe war."[35] Noch weniger auszuschließen scheint mir, dass Maria in dieser Schreckenszeit – Varus' Straffeldzug um 4 vor Christus – zweifach traumatisiert wurde von den Römern, die dem verlobten Mädchen gewaltsam ein Kind gaben und gewaltsam den Verlobten nahmen. Doppelter Grund für Josephs Bruder Clopas, sie zur Frau zu nehmen und Vater der Kinder zu werden, die in **Mk 6:3** von ihren Nachbarn in Nazaret aufgezählt wurden: „der Sohn der Maria ... Bruder des Jakobus, Joses, Judas und Simon ... und sind nicht seine Schwestern hier bei uns?"

Auch David Flusser vermutet, dass Joseph früh starb, „womöglich als Jesus noch sehr jung war." Für den jüdischen Religionshistoriker scheint „eine mit Affekten beladene Spannung zwischen Jesus und seiner Familie bestanden zu haben", und anscheinend habe diese psychologische Tatsache, „deren Hintergründe wir nicht kennen", bei seiner persönlichen, „für die Menschheit so bedeutenden Entscheidung mitgewirkt".[36]

In der Suche nach den Gründen, warum Jesus so draufgängerisch die Kreuzigung riskierte – oder unterbewusst suchte – haben wir nur eine authentische Quelle: seine eigenen Aussagen über sich selbst.

Worte eines geborenen Opfers

Im Jahr 1993 schrieb der kanadische Theologe William Nicholls: „Auch wenn Jesus wirklich von einem römischen Soldaten gezeugt wurde, speziell als Folge von Schändung oder Verführung, würde dies ihn nicht nach jüdischem Gesetz illegitim machen, da er ja von einer jüdischen Mutter geboren wurde und nicht als Kind aus Ehebruch oder inzestuöser Ehe."[37] Nicholls' Kollegin Jane Schaberg hätte sich unter Theologen kaum einsamer exponieren können, als sie ein Jahr später ihre These publizierte, dass Jesus das Produkt

---

35 Lapide 1988, p.102.
36 Flusser, p.23.
37 Nicholls, p.15.

einer Vergewaltigung seiner Mutter Miriam sei. Einer der wenigen, die sie in Schutz nahmen, war ihr Kollege Donald Capps: „Ich denke, was hier abläuft, ist eine gar nicht so subtile Form von verbaler Demütigung." Schaberg bekomme von ihren Kollegen auf dem Feld des Neuen Testaments gesagt, „dass sie eine Linie überschritten hat, die sie bes-ser hätte respektieren sollen, und dass sie wirklich etwas, pfui, ganz Schamloses getan hat. Ihre Kritiker übersehen dabei zweifellos die Ironie, dass sich Jane Schabergs Buch genau darum dreht: um die Erniedrigung einer Frau und die Effizienz eines patriarchalen Systems bei der Sicherung seiner eigenen Interessen."[38] Denn diese väterherrschaftliche Einniedrigung ins System ist präzise die verbale Form dessen, was römische Krieger – in Schabergs wie in meiner Perspektive – der Miriam physisch zufügten. Was dies für das gewalt-verfügte Kind bedeutete, könnten Tausende von heute erwachsenen Bosniern, als Kinder des Bürgerkriegs der Zeit um 1992, sehr lebensnah beantworten; als lebende Souvenirs moderner Panderas mit Khakihosen und Kalaschnikoff, von Männern, die „Einzel-, Gruppen-, Dauervergewaltigung"[39] als schmutzigstes Mittel „ethnischer Säuberung" eingesetzt hatten. Jene der ins Dasein penetrierten Babys, die nicht gleich nach der Geburt getötet wurden, wuchsen nach einer Unicef-Studie als „versteckte Population, die besonders verletzlich ist", entweder in Heimen oder „daheim" bei der Mutter auf. „In einer Familie wurde das Kind gezwungen, sein Leben als Fehler zu begreifen", und musste sich bei Gästen mit der Erklärung vorstellen: „Ich bin das Produkt der Schändung meiner Mutter." Im Kriegsfilm „Ein Junge aus einem Kriegsfilm" von 2004 ist Alen Muhic beim fröhlichen Spiel mit Klassenkameraden, beim Balgen mit dem Adoptivvater zu sehen, und er erzählt auch, wie er durch einen Mitschüler von seiner echten Herkunft erfuhr, wie er sofort zum „Vater" rannte und dieser ihm alles erzählte. Was der Film nicht wiedergibt, ist Alens Schmerz, als ihn die Nachbarn plötzlich „Pero" riefen – ein serbischer Name – und wie er verzweifelt suchte, seine Mutter kennen zu lernen, diese ihn aber schroff zurückwies. Wovon der Film nicht erzählt, ist „Peros" Versuch, sich deshalb, und wegen der Hänseleien in der Schule, selbst zu töten. Was nicht gezeigt wird, ist, wie er zu Haus bei seinen Adoptiveltern tagelang weinte und randalierte. „Warum habt ihr mich betrogen?" schrie er seine

---

38 Capps, p.125.
39 Laut Klassifizierung seitens Human Rights Watch, zitiert in: „Sie wollten uns zerstören, aber wir haben überlebt", SZ-Magazin 10/2013.

Adoptivmutter an. „Du hast gesagt, du hast mich hier getragen!" Und dabei zeigte er auf ihren Bauch.[40]

Auf den Bauch der Adoptivmutter, der nicht Geschändeten. Welche Bauchgefühle haben letztere? Nichts traumatisiert tiefer als eine Vergewaltigung, sagen Psychologen. „Die Opfer empfinden die Tat meist nicht als sexuelle Handlung, sondern als extreme und demütigende Form der Gewaltausübung gegen ihre Person und ihren Körper, die mit starken Todesängsten verbunden ist", schreibt die Regensburger Militärsoziologin Ruth Seifert.

„Sie wollten, dass wir serbische Babys kriegen", sagt Enisa. „Sie wollten uns zerstören. Aber wir haben überlebt." Der Internationale Strafgerichtshof in Den Haag deklarierte die Vergewaltigungen als Kriegstaktik. Und die Schändungstaktiker wussten, wie Männer ticken. „Bei jedem Streit wirft mein Mann mir vor, dass ich mich habe vergewaltigen lassen", sagt Amra. „Als wir geheiratet haben, hat er mir gesagt, ich sei nicht schuld daran und er könne damit leben. Aber er kann es nicht."

Asmira fand eine Ärztin, die bereit war, das Kind im Mutterleib zu töten. In den ersten Jahren nach dem Krieg hat sie dreimal versucht, sich umzubringen, und war immer wieder in der Psychiatrie.

Angelina Jolie drehte 2011 ihren Film *Liebe in Zeiten des Krieges* mit einem komplett einheimischen Ensemble. „Die Frauen in Bosnien sind froh über diesen Film", sagt Enisa. „Ich hasse die Serben nicht. Sie waren meine Nachbarn, einer von ihnen hat mich festgenommen, einer von ihnen hat mich gerettet. Aber ich ertrage nicht, dass Leute ... sagen, stellt euch nicht so an, ist doch schon so lange her. Es kann nur eine Versöhnung geben, wenn die Menschen einsehen, dass diese Dinge geschehen sind und die Wirkung dieser Taten anhält."[41]

Beim Sohn der Miriam hält sie seit 2000 Jahren an.

Welche Beziehung kann so eine durch Vergewaltigung „geschwängerte" Frau zum Kind des Täters haben?

Miriam wies Jesus nicht zurück – schon gar nicht schroff. Wenn Miriam die gute Schulbildung ihres unehelichen Sohnes so wichtig war wie im Toledoth berichtet, dann stand sie trotz der bösen Urerinnerung zu ihm. Doch wie hat er, ihr Sohn, die Zeit von Zeugung bis Geburt in sich aufgenommen, während sein kleiner Körper von zwei

---

40 George Jahn, AP, Artikel „Leben mit der grausamen Wahrheit", in: Südwestpresse Ulm, 25.05.05.
41 Ruth Seifert, Enisa, Amra, Asmira (und Yael Danieli, p.100) in „Sie wollten uns zerstören, aber wir haben überlebt", SZ-Magazin, Süddeutsche Zeitung, 10/2013.

auf zwei Billionen Körperzellen wuchs?

Stringent und evident ist heute nachgewiesen, dass schon Embryonen die Gefühle ihrer Mütter wahrnehmen; dass wir alle schon „ab der Zeugung" das Urteil in uns tragen, willkommen oder abgelehnt, ersehnt oder unerwünscht zu sein.[42] Neun Monate lang hineingewachsen in diesen „rejecting womb",[43] den ablehnenden Bauch der Mutter, als innere Mithörer aller ihrer Klagen, Schrecken und Herzklopfen, als Teilhaber alles dessen, was sie schlucken muss, zeigen unerwünschte Kinder bereits als Neugeborene ein auffälliges Verhalten. Zu diesem Zeitpunkt bedauert es ein Drittel der Mütter, das, was in ihnen war, nicht abgetrieben zu haben.

Viele Eltern ungewollter Kinder neigen zu Misshandlungen „aus Wut und Hilflosigkeit" – oder zur Überbetreuung, um Selbstvorwürfe wegen zeitweilig intensiver Hassgefühle zu kompensieren. Unter ihren Mitschülern gelten die Ungewollten oft als „Abweichler" und „Feiglinge", oft aber auch als besonders waghalsig. Herangewachsen, haben die Ungewollten dann ständig Beziehungsprobleme, sind sozial unangepasst, doppelt so häufig kriminell und oft ihr ganzes Leben lang nicht glücksfähig.[44] Sie neigen zu Alkohol und Drogenmissbrauch, aber auch zu lebensgefährlichen Sportarten wie Fallschirmspringen oder Motorradfahren, was bei ihrer generell höheren Suizidneigung nicht erstaunt. Ultraschallaufnahmen zeigen – wie die US-Forscherin Jeanette di Pietro nachwies – deutliche Reaktionen des kleinen Menschen innen drin allein schon bei belastenden Gedanken der rings umgebenden Mutter.[45] Wie sollte das Kind diese Ringsum-Emotionen der Mutter überhören können? Wie könnte das Unerwünschte im Uterus sein überflüssiges Dasein begreifen? Wie viele belastende Gedanken waren einem wider Willen, per Gewaltakt, traumatisch schwanger gewordenen Nazarener Mädchen durch Kopf, Herz, Bauch gegangen? Wieviele ihrer Gedanken, Tränen, Seufzer, Schreie hatte ihr Baby mitgehört und wie prägte dies sein späteres Fühlen, Handeln, Sagen?

Jedes Kind, schreibt Francoise Dolto, muss auch mit den Wunden seiner Mutter leben; es trägt hier eine „Schuld", die es sich während

42 Häsing/Janus, p.117.
43 vgl. Kafkalides, Athanassios. The Knowledge of the Womb. Heidelberg 1997 (nach Janus, p.17).
44 Artikel „Ein Leben lang unglücklich", Augsburger Allgemeine ca. 1991; vgl. die Arbeiten von Gerhard Amendt und Michael Schwarz, sowie tschechische und schwedische Forschungen, beschrieben von Ludwig Janus 1997, p.111 f.
45 Alberti, p.76.

der pränatal fusionalen Periode zugezogen hat. Aus dem Faktum, dass schon im siebten Schwangerschaftsmonat das Kind zu träumen beginnt, schließt Anne A.Schützenberger, die Mutter könne somit ihre Träume dem Kind mitteilen, während das Kind zugleich Zugang zu ihrem Unbewussten habe.[46]

Freilich können traumatisierte Frauen wie Miriam ihrem Kind auch „jetzt erst recht" Kräfte und Aufträge zum Widerstand mitgeben. Eine Studie von Alexandra Piontelli mit schwangeren Frauen und ihren dann aufgezogenen Kindern machte deutlich: „Die Phantasien, Hoffnungen und Emotionen der Mutter für das Ungeborene in ihrem Bauch beeinflussen dessen In-die-Welt-Kommen und seine Art zu leben."[47] Also geben Mütter ihren Kindern schon vorgeburtlich Aufträge? In seiner *Schicksalsanalyse* behauptet der ungarisch-jüdische Psychologe Leopold Szondi (1893-1986), „dass jeder Mensch mit einem Lebensplan zur Welt kommt, der unter Führung von verborgenen Erbelementen unsere schicksalformenden Wahlhandlungen unbewusst bestimmt." Den freien Willen in diesen Wahlen bestreitet Szondi nicht, doch mühte er sich zu beweisen, „dass das Schicksal, ob es sich durch die Wahl in Liebe oder Freundschaft, in Beruf, Krankheitsform oder Todesart manifestiere, stets Wahl sei, Denn: Wahl macht Schicksal."[48]

Gilt das auch für Jesu Kreuzesqual?

In den 70er Jahren hörte man bei Demos für Freigabe der Abtreibung den seltsam ahnungsvollen deutschen Paarreim „Hätt' Maria abgetrieben, wär Jesus viel erspart geblieben." Erahnen und erschließen können wir das Fühlen und Wollen dieses Mannes, der sich nichts ersparte, nur aus dem, was er höchst wahrscheinlich wirklich sagte: indem wir seine Worte durch die Siebe einer rigorosen Textkritik passieren. Gerd Lüdemanns Filter lassen nur 15 Prozent aller Worte Jesu als authentisch durch (markiert in diesem Buch durch Fettdruck). Dieser Extrakt all dessen, was Jesus in sich trug und aus sich sprach ist wie die Bruchstücke eines zerschmetterten Gefäßes. Thematisch zusammengelegt, können wir die Zeichen auf den Scherben mit den Gefühlen vergleichen, die Kinder späterer Zeiten und Mütter zu erkennen gaben. Ich werde das emotionale Patchwork in drei Beziehungen ordnen: Erstens Leben (Annahme, Zuversicht, Daseinsfreude); zweitens Sexualität, und drittens: Vater.

---

46 Schützenberger, p.32 (Dolto) und 145.
47 Piontelli, From Fetus to Child, London 1992, p.1-25 (nach Schwab, p.141).
48 Szondi, p.20-26.

1. Leben. „Das Kind sollte seinen Eintritt in die Welt wie eine freundliche Einladung empfinden. Ein Kind, das sich nicht freundlich eingeladen fühlt, lebt wie in einem feindlichen Land", schrieb Alfred Adler 1937.[49] Ein solches Kind, sagte Adlers Kollegin Barbara Findeisen 1997, kann „bei anderen nicht ankommen", „keinen Platz finden auf der Erde" und sich „nicht niederlassen." Höhlen und Nester sind Bilder pränataler Geborgenheit für solche Entborgenen.

„Die Füchse haben Höhlen und die Vögel des Himmels Nester. Der Menschensohn aber hat nicht, wohin er sein Haupt legen kann" (**Mt 8:20**; **Lk 9:58**; **ThEv 86:1-2**).

Barbara Findeisen spricht von der „Melodie des Lebens", die wir im Mutterleib erlernen. Flüstert sich diese Melodie nur *piu triste* und *ritardando*, weil das Willkommensein fehlt, dann werden diese Unverbundenen „eher vorsichtig sein in Beziehungen" – denn jede Trennung erinnert an den Verlassensschmerz des Kindes, in jeden Liebeskummer „mischt sich ... die ganze Verzweiflung des Kindes, das wir einst waren", eines Kindes, das sich zeitlebens nie mehr „aufdrängen", niemandem „zur Last fallen" will – wie damals der Mutter, von innen.[50]

„Und als es die Seinen hörten, machten sie sich auf, um ihn zu ergreifen; denn sie sagten: Er ist von Sinnen." (**Mk 3:21**).

Nicht selten spüren die Unerhofften ein „Schuldgefühl, überhaupt geboren zu sein". In „Das unwillkommene Kind und sein Todestrieb" schrieb Sandor Ferenczi: „Das Kind muss durch ungeheuren Aufwand von Liebe, Zärtlichkeit und Fürsorge dazu gebracht werden, es den Eltern zu verzeihen, dass sie es ohne seine Absicht zur Welt brachten, sonst regen sich alsbald die Zerstörungstriebe". Zerstören – was? „Im späteren Leben" notiert Ferenczi zu zwei Patienten, „genügten dann verhältnismäßig geringe Anlässe zum Sterbenwollen, auch wenn dieses durch starke Willensanspannung kompensiert wurde. Moralischer und philosophischer Pessimismus, Skeptizismus und Misstrauen wurden hervorstechende Charakterzüge bei ihnen."[51]

---

49 Levend/Janus, p.112.
50 vgl. Janus 2000, passim, sowie: Findeisen, Barbara: Langfristige psychische Konsequenzen prä- und perinataler Erfahrungen. In: Janus, Ludwig und Haibach, Sigrun (Hg): Seelisches Erleben vor und während der Geburt, Neu-Isenburg 1997.
51 Ferenczi, p.253 f.

„Wenn jemand zu mir kommt und nicht Vater und Mutter, Frau und Kinder, Brüder und Schwestern und dazu auch sein eigenes Leben hasst, kann er mein Jünger nicht sein" (**Lk 14:26**).

Das lateinische Verb *linquere* heißt verlassen, und oft führt dieses Gefühl der Verlassenheit zur Delinquenz eines „desorientierten" Jugendlichen.[52] Verlassen, aber trotzig, verlässt er selbst die vater-staatliche Rechtsordnung – der Sohn Miriams trat hervor als Schul-provokateur, wurde von seinen Lehrern als „Mamser" geoutet, und suchte Nestgefühle in einer peer-group.

„Für wen halten mich die Leute?" (**Mk 8:27-29**)
„Ihr aber, für wen haltet ihr mich?" (**Mt 16:15**)

Lehnt eine Mutter ihre Schwangerschaft ab, so mangeln ihr und ihrem Kind die Glückshormone Serotonin und Oxytocin. Seelisch gesprochen fehlt ihr momentan, dem Kind aber vielleicht zeitle-bens das Gefühl der „Richtigkeit der Welt".[53] Solche Menschen sind oft sehr dünnhäutig, fühlen sich „zu durchlässig, zu ungeschützt in ihrem Dasein, anfällig und übersensibel". Auf der Suche nach dem Urgrund ihres Andersseins werden sie introspektiv und halten Kon-takt mit ihrem „inneren Kind":

„Wer das Reich Gottes nicht annimmt wie ein Kind, wird nicht hineingelangen" (**Mk 10:15**).

2. Sexualität. Wäre es verwunderlich, wenn ein durch Vergewaltigung gezeugtes Kind eine „unbiologische Schärfe ... gegen das sinnliche Begehren des Mannes" entwickelte, wie der Historiker Will Durant (fast 70 Jahre verheiratet mit seiner Ex-Schülerin und Mitautorin Chaya Kaufman)[54] sie bei Jesus beobachtet?

„Jeder, der eine Frau begehrlich anblickt, hat in seinem Herzen schon die Ehe mit ihr gebrochen" (**Mt 5:28**).

Wenn, gemäß der schon zitierten Studie von Alexandra Piontelli, „die Phantasien, Hoffnungen, Emotionen einer Mutter für das Kind

---

52 Alberti, p.72.
53 Alberti, p.31 bzw. 103.
54 Durant, p.638.

in ihrem Bauch das In-die-Welt-Kommen und die Art und Weise seines Daseins beeinflussen", nimmt es dann wunder, wenn dieses Kind die Rechte der Frau gegenüber verlassenden Vätern betonte?

„Wer seine Frau entlässt und eine andere heiratet, der bricht ihr gegenüber die Ehe" (**Mk 10:11**).

Und wenn Sexualität für ihn mit dem Bauchgefühl eines mit Gewalt geschwängerten jungen Mädchen verbunden blieb?

„Denn es gibt Verschnittene, die vom Mutterleib an so geboren sind ..." (**Mt 19:12**).

3. Vater. Welche Antwort sollte man erwarten, wenn der gewalt-ge-machte Vaterlose von einem seiner Aktivisten gebeten wird: „Er-laube mir zuerst meinen Vater zu begraben"?

„Lasst die Toten ihre Toten begraben" (**Mt 8:22; Lk 9:60**)

Sollte es verwundern, wenn er simultan zu diesem Todeswunsch gegen seinen in Gestalt der römischen Besatzer stets nahen irdischen eine Überhöhung des ferne liebenden himmlischen Vaters entwickelte?

„Unser Vater im Himmel, geheiligt werde dein Name" (**Mt 6:9** *und* **7:11; Lk 11:2** *und* **11:13**)*;*
Wenn nun ihr, die ihr böse seid, euren Kindern gute Gaben zu ge-ben wisst, wie viel mehr wird euer Vater im Himmel denen Gutes geben, die ihn bitten? (**Mt 7:11**)*;*
„Euer Vater aber weiß, dass ihr dies braucht"
(**Mt 6:32***;* **Lk 12:30**).

Was macht ein unerwünschtes Kind, das Gefühle der Fremdheit und Unbehaustheit in dieser Welt erlebte und das Bergende sucht, das es schon im Mutterleib vermisste?

„Ich will mich aufmachen und zu meinem Vater gehen ..."
(**Lk 15:18**).

Wird dieses vaterlose Kind sich nicht einen Vater erträumen, dem gerade dieses eine, dieses verlassene, verlorene unter hundert anderen Kindern am Herzen liegt und der bestimmt noch kommen wird, es hier rauszuholen?

„Wenn jemand hundert Schafe hat und eines davon verirrt sich, wird er dann nicht die neunundneunzig auf den Bergen lassen ... und das verirrte suchen? Und glückt es ihm, es zu finden, wahrlich, ich sage euch, er freut sich mehr darüber als über die neunundneunzig, die sich nicht verirrt haben. So ist es auch nicht der Wille eures Vaters im Himmel, dass eines dieser Kleinen verloren gehe" (**Mt 18:12-14; Lk 15:4-6**).

All diese Worte Jesu aus den Evangelien sprechen von denselben Leiden und Symptomen, die unerwünschte Kinder bis heute berichten. Alle diese Wortprotokolle der synoptischen Evangelisten passen schlecht zu einem guten himmlischen, aber gut zu einem schlechten irdischen Erzeuger in Jane Schabergs und meiner Lesart. Allen diesen Worten gibt Gerd Lüdemann den Stempel „authentisch", und so authentisch wie die Jesusworte, so authentisch ist auch die Symptomatik, auf die sie deuten, und umso wahrscheinlicher die These, Jesu Zeugung sei gewaltsam gewesen. „Ein ähnlich starkes Bedürfnis aus der Kindheit wie das nach dem Vaterschutz wüsste ich nicht anzugeben", schreibt derselbe Sigmund Freud, für den sich die religiösen Bedürfnisse „unabweisbar" von der „infantilen Hilflosigkeit und der durch sie geweckten Vatersehnsucht" herleiten.[55]

Die Vatersehnsucht Jesu spricht noch heute aus seinen Worten, und der US-Theologe Donald Capps hat im tiefsten Sinne recht, wenn er „konträr zur Tendenz, den Einfluss von Kindheitserfahrungen zu minimieren" die Gegenthese aufstellt, „dass nämlich wirklich alles, was Jesus als Erwachsener tat und sagte, auf diese oder jene Weise zurückverfolgbar ist auf sein Bewusstsein, illegitimes Kind zu sein." Dieses Bewusstsein kann erklären, was gemeinhin als der Kern seiner religiösen Erfahrung und öffentlichen Botschaft gesehen wird, nämlich seine ungewöhnlich nahe und persönliche Beziehung zu Gott, den er „mein Vater" nannte. „Wäre es purer Zufall", fragt Capps, „wenn ein illegitim empfangenes Kind, aufgezogen von einem Adoptivvater, Gott nicht nur als Vater, sondern in besonders inniger Weise ansprach", nämlich in einer sehr persönlichen Weise, die „der Wahrnehmung seines natürlichen Vaters diametral kontrastiert" – in diesem so schrillen wie welthistorisch wichtigen

---

55 Freud 2010 (Das Unbehagen in der Kultur), p.25.

Fall von „Bildaufspaltung"?[56] In einer bizarren Szene, die von allen synoptischen Evangelien berichtet wird (Mk 5:1-17; Mt 8:28-34; Lk 8:26-39) fragt Jesus einen von Dämonen besessenen (wohl schizophrenen) Mann nach seinem Namen. „Mein Name ist Legion", antwortet der Besessene, „denn wir sind viele." Und der Bastardsohn des Legionärs befiehlt der ganzen Legion von Dämonen, in eine absurde Herde von 2.000 Schweinen zu fahren, genau in diese unreinen, fremden, sexuell ungehemmten Allesfresser, und die Herde rast den Hang hinab, ersäuft im See. Das expressive Phantasma von völlig anachronistischer Massentierhaltung ist unwirklich genug, um nur ein Erzählmotiv übrig zu lassen: Der Erzähler Markus wusste persönlich mehr, als er im Vers von „Jesus Sohn der Maria" verraten wollte; mehr als genug über Jesu sexuell unreinen Legionärsursprung, um fühlen zu können, was in ihm, und in Gerüchten um ihn tobte und was Donald Capps so ausspricht: „Seine ‚Pathologie' ist, dass er die Gene eines Römers hat und deshalb besetzt ist durch ein fremdes Element, das nur exorziert werden kann, indem der innere Dämon durch einen neuen verinnerlichten Vater ersetzt wird, den er zärtlich ‚mein Vater' nennt."[57]

Diese Aufspaltung des Vaterbildes ist bipolar: denn so gewalttätig, verantwortungs- und liebelos der Vater des bösen Ursprungs, so vertrauenswürdig, liebevoll und hilfreich würde der Vater des guten Endes sein. Nur fest dran glauben. Glaube kann Berge ver- und Väter ersetzen. „Denn sein Wissen, ein Bastard zu sein, zusammen mit seiner tief persönlichen Erfahrung Gottes als Vater ... wären so gerade das, was ihn befähigte, die durch seine Unehelichkeit bedingte Selbstgefährdung zu transformieren in einen neuen Sinn von Selbstbestärkung und innerer Freiheit, die seinem negativen Selbstbild als Illegitimem Paroli boten."[58]

Aber diese Aufspaltung musste sich auch in einer gespaltenen Dualität zweier möglicher Lebenswege reflektieren. Erste Option: Das Alpha väterlicher Gewalt würde gefolgt sein vom hohen Omega väterlicher Errettung durch machtvolle Intervention: Die Legionärsschweine würden durchdrehen und sich im Galiläischen Meer versäufen – während der erniedrigte Sohn auf Davids Thron

---

56 Capps, p.108-115.
57 Capps, p.120. Vgl. Schützenberger, p.76: „When difficulties occur on the level of instituted filial relationship – an illegitimate child, uncertainties about the father ... it weakens the instituted axis and tends to exalt the imaginary axis in a kind of dialectic relationship between the two."
58 Capps, p.108 f .

gehoben würde durch Vaters starke Hand und ausgestreckten Arm.
Die zweite: Dem im Toledoth geschilderten brillanten Schüler der
Schriften musste auch der Antiheld des Jesaja, nämlich der „leidende
Gottesknecht" als nachleb- und nachsterbbar erschienen sein: „Ich
werde ihm die Ehren eines siegreichen Soldaten geben, weil er sich
selbst dem Tod aussetzte. Er wurde unter die Rebellen gezählt. Er
trug die Sünden vieler und setzte sich für die Rebellen ein. Singe, oh
kinderlose Frau, die du nie geboren hast. Denn die verlassene Frau hat
nun mehr Kinder als die Frau, die mit ihrem Mann lebt" (Jes 53:12-
54:1, New Living Translation). Der hoch fliegende Jesaja sprach
Jesus aus dem Herzen, am tiefsten vielleicht in den Versen 49:1-5:
„Jahwe berief mich vom Mutterleib, vom Mutterschoße an nannte er
meinen Namen ...; geehrt bin ich in Jahwes Augen, mein Gott war
meine Stärke, der Herr, der mich vom Mutterleib zu seinem Knecht
gebildet hat". Schon als seine genervten Lehrer ihn einen Mamser
von Geburt an nannten, konnte der Schüler, dessen Name Yeschu
schlicht „Gott wird retten" bedeutet, Jesajas Verse von gottgewollter
Passion zur Befreiung vieler durch Einsatz für Rebellen auf sich
beziehen. Zweimal sieben Jahre später brach es heraus aus einem,
der sich sagen musste: „Mein Same ist Legion."
Ein Fall von selbsterfüllender Prophezeiung?
Nein, das ist Unsinn, würde Joseph Klausner vielleicht abwiegeln.
Für den Jerusalemer Professor enthalten die Evangelien „nicht den
kleinsten Hinweis auf heidnisches Blut in Jesu Adern ... Die Wahrheit
ist, dass Jesus, wie jedes andere Kind in Galiläa, von ehrbaren
jüdischen Eltern abstammte, denn auch in dieser Provinz wurden
verlobte Mädchen streng beaufsichtigt, wenn auch vielleicht nicht
ganz so streng wie in Judäa."[59] Die psychologische Wahrheit ist,
dass Klausners Idylle die sichtbar traumatisierte Persönlichkeit des
Mannes ignoriert, den Lüdemann realer ehrt: „Doch ist theologische
Deutung auf goldenem Grund eines. Etwas anderes ist die teilweise
brutale Geschichte im Staub dieser Erde, und die bekam Jesus in
verstärktem Maße zu spüren. Er wurde seit seinem Auftreten in seiner
Heimat Nazareth angegriffen unter Hinweis darauf, dass er ein Bastard ohne rechten Vater sei. Daher das Hohnwort ‚Sohn der Maria'...
Vielleicht lag hier mit eine Wurzel für seine spätere Zuwendung zum
verachteten Volk: zu Huren, Zöllnern und Sündern."[60]
Während diese Zuwendung zu verachteten Frauen von Christen hoch

59 Klausner, p.316-317.
60 Lüdemann, p.879 f.

geschätzt wird, ist die Bloßlegung ihrer Wurzel – Jesu In-die-Welt-Kommen durch einen Frau und Kind verachtenden Geschlechtsakt – für viele Christen völlig inakzeptabel. Zumindest auf den ersten Blick. Auf den zweiten Blick könnten sie bemerken, dass diese niedrigst mögliche Art der Zeugung erstens der Würde des Menschen Jesus, so wie er selbst die Menschenwürde von Huren hochhielt, nicht den kleinsten Flecken zufügt, und zweitens das Kriterium „erniedrigte er sich selbst" (Phil 2:8) noch viel authentischer erfüllt, es unvergleichlich körperlicher inkarniert, zur Welt bringt als Lukas' Geburt im Stall, zwischen Tieren. Denn „was in der Welt ohne Adel dasteht und nichts gilt, was nichts ist, hat Gott auserwählt" (I Kor 1:28). Und drittens würde diese Zeugung nicht einmal der Gottessohnschaft des Jesus Bar Abbas widersprechen, wenn man (in Röm 8:15) Paulus ein Ohr schenkt: „Ihr habt den Geist der Sohnschaft empfangen, in dem wir rufen ‚Abba, Vater!'"

Jesus Bar Abbas

In seinem Film „Shoah" interviewt Claude Lanzmann eine Gruppe von polnischen Katholiken vor der Kirche von Chelmno (nazideutsch Kulmhof im Warthegau), wo von Dezember 41 bis Frühjahr 43 und von Juni 44 bis Januar 45 die Juden, nach einer Nacht in der Kirche, in die Vergasungswagen stiegen. Als Lanzmann die Christen fragt: „Wie konnte Ihrer Meinung nach den Juden diese Geschichte passieren?" tritt Herr Kantarowski vor, der den halbverhungerten Juden damals „Brot und Gurken" geschenkt hatte. Energisch erzählt er eine Geschichte, wo ein Rabbiner – mit Erlaubnis des SS-Manns – seiner wartenden Gemeinde erklärte, wie vor langer Zeit die Juden Christus, der völlig unschuldig war, zum Tode verurteilt haben und gesagt, sein Blut komme über uns und unsere Kinder. Und jetzt sei dieser Zeitpunkt, „also tun wir, was von uns verlangt wird, gehen wir!"
Lanzmann: „Ah, der Rabbiner hat das gesagt!"
Kantarowski: „Als Pontius Pilatus sich die Hände gewaschen hat, sagte er: ‚Dieser Mann ist unschuldig, ich will mit dieser Geschichte nichts zu tun haben', und er hat Barabbas geschickt. Aber die Juden haben gerufen, ‚Sein Blut komme über uns!'"
Kurzes, bedeutsames Schweigen.
Dann Kantarowski: „Das ist das Ende, jetzt wissen Sie alles."[61]
Ob Herr Kantarowski wusste, dass sein Name, wohl abgeleitet vom

---

61 Lanzmann, p.17-19 und 132-137.

Kantor einer Synagoge, 212 mal genannt ist in den Opferlisten der Gedenkstätte Yadvashem in Jerusalem?

Und was wissen wir über Jesu Verteidiger Pilatus, den noblen römischen Statthalter und Heiligen der koptischen Kirche? Anno 36, etwa sechs Jahre nach Jesu Kreuzigung zur Mitte seiner Amtszeit, führte Pilatus' blutigstes Massaker zur Amtsenthebung des Präfekten: Am Fuß des Garisim, des heiligen Berges der Samaritaner, hatte sich eine Volksmenge um einen Prediger geschart, der Wunder in Aussicht stellte. Pilatus entsandte „eine Kavallerieeinheit und schwer bewaffnete Infanterie, die beim Zusammenstoß mit den ersten Ankömmlingen in der Ortschaft einige in einem hitzigen Gefecht tötete und die anderen in die Flucht schlug. Es wurden viele Gefangene gemacht, von denen Pilatus die Hauptanführer und die Einflussreichsten hinrichten ließ."[62] In ihrer Klage bei Vitellius, dem Statthalter von Syrien, betonten die Ältesten der Samariter, sie hätten sich am Garisim versammelt „nicht um sich gegen die Römer zu empören, sondern um der Gewalttätigkeit des Pilatus zu entgehen". Als Pilatus nach diesem harten Durchgreifen zum Rapport nach Rom bestellt wurde, war dort wohl lange schon bekannt, was sein Zeitgenosse Philo von ihm neben Charaktermerkmalen wie „rachlüstiges und furioses Naturell ... unflexibel ... Mischung aus Eigensinn und Unbarmherzigkeit" noch aufzählt und was für Roms Reputation als Rechtsstaat untragbar war: „Wiederholte Hinrichtungen ohne juristisches Verfahren, konstante Ausübung von extrem leidvoller Grausamkeit."[63]

In seiner zehnjährigen Jerusalemer Amtszeit hatte P.P. etwa 6000 Juden ans Kreuz geschickt, pro Woche also, business as usual, etwa 11 Menschen sich qualvoll totleiden lassen.[64] Seiner eigenen Verurteilung entfloh der flotte Schnellrichter, laut Kirchenvater Eusebius, durch Suizid.[65] Auch dieses Ende verhinderte nicht seine Heiligsprechung durch die Koptische Kirche, während die Griechisch-Orthodoxe Kirche jener Heiligen Procula gedenkt, die vor normalen Arbeitstagen ihres Gatten wohl gut geschlafen, ihn aber vor dieser einen, ganz besonderen seiner 6000 Kreuzigungen gewarnt hatte: „Habe nichts zu schaffen mit diesem Gerechten, denn ich habe

62 Josephus, Jüdische Altertümer, 18.4.1-2; vgl. Lapide 1987, p.72.
63 Lapide 1987, p.72 (Vitellius); Philo, Botschaft an Gaius, XXXVIII; vgl. wikipedia, Pilatus).
64 Lapide 1987, p.73: „nach konservativer Schätzung rund sechstausend Juden ..."
65 Lapide 1987, p.72, mit Verweis auf den Kirchenhistoriker Eusebius.

heute im Traum seinetwegen viel gelitten" (Mt 27:19). Inmitten dieser 6.000 war die Verurteilung des Jesus, wie der Theologe Maurice Goguel es nüchtern fasst, nicht mehr als „eine unbedeutende Polizeimaßnahme".[66] Matthäus macht ein Casting daraus, der Showmaster Pontius lässt dem Volk die freie Wahl: „Wen soll ich euch freigeben, Barabbas oder Jesus, den man Messias nennt?" Und als Motiv des redlichen, Jesus so wohl gesinnten Statthalters fügt Matthäus an: „Er wusste nämlich, dass sie ihn aus Neid überliefert hatten" (Mt 27:17-18). Aber dann musste ihm doch klar sein, dass sie gegen diesen Jesus entscheiden würden, dem er, Pilatus, doch mit einem Machtwort viel schnörkelloser helfen konnte? Für das Casting-Spiel hätten doch dann die zwei „Räuber" viel besser getaugt, die er zusammen mit Jesus kreuzigen ließ?

Weit aufschlussreicher als diese kleine Freudsche Fehlleistung des Matthäus in seinem Versuch, Pilatus schön und die Juden bös zu malen, ist aber der Wortlaut im griechischen Originaltext. Dort lautet der vorausgehende Vers 27:16: „Sie hatten nämlich gerade einen bekannten Gefangenen, genannt Jesus Barabbas." (*Eichon de tóte desmion epísmenon legómenon Iesoun Barabban*). Nun fragt Pilatus die Juden: *Tina thélete apolýso hymín: Iesoun ton Barabban e Iesoun ton legómenon christón* – „Wen wollt ihr, dass ich euch freigebe: Jesus den Barabbas oder Jesus den so genannten Gesalbten?"

Dass dieser Bar Abbas, wörtlich „Sohn des Vaters" mit Vornamen zufällig Jesus hieß, machte schon im 3.Jahrhundert den Kirchenlehrer Origenes stutzig. Kann ein Räuber, fragte er sich, einen so heiligen Namen tragen? In den folgenden Jahrhunderten wurde der Name „Jesus Barabbas" in den meisten Handschriften der Evangelien unterdrückt. „Andere Lesart (hier und V.17): Jesus Barabbas" vermerkt meine katholische „Jerusalemer Bibel" von 1968 in einer Fußnote zum Vers Matthäus 27:16. Aber schon 1946, und aus zeitgemäßen Gründen, hatte Jules Isaac gefragt: „Warum soll ich den Verdacht verschweigen, der sich mir gegen meinen Willen aufdrängt", dass es „der echte und einzige Jesus [Barabbas] war, um dessen Begnadigung die jüdische Menge flehte?"[67]

66 Isaac, p.337.
67 Isaac, p.393.

So sehen Sieger aus:
Barabbas, gemalt
von James Tissot
(1836-1902).

Wie die Zwillingsfrage „Jesus den Barabbas oder Jesus den Messias"
zur Welt kam, erklärt der Brite Hyam Maccoby: „Alle Evangelien
kommen in Verlegenheit, weil sie im früheren Teil der Geschichte
die allgemeine Beliebtheit Jesu so betont haben. Dies macht einen
holprigen Übergang unvermeidlich, als sie später in der Geschichte
die Schuld des ganzen jüdischen Volkes an der Kreuzigung Jesu
herausstreichen wollen. In dem ursprünglichen Evangelium wurde
Jesus überhaupt nie vom jüdischen Volk oder seinen religiösen
Führern, den Pharisäern, abgelehnt. Seine Feinde bei den Juden
waren die Sadduzäer und die Herodianer."[68] Denn schon durch den
ausschließlich pharisäischen Titel „Rabbi" ist Jesus eindeutig als
Mitglied dieser progressiven, populären Gruppe von Intellektuellen
markiert, deren Titel „Meister" erlernte Kompetenz bedeutet, im
Gegensatz zum Erbadel der sadduzäischen Priesterkaste von Leviten
und Cohanim.[69]
Aber die Spaltung zwischen Jesus und den Pharisäern war harmlos
im Vergleich zur Jekyll-Hyde-totalen Herrnspaltung zwischen Jesus
und Barabbas, deren Zweck und Konstruktion Hyam Maccoby so

68 Maccoby 1996, p.114.
69 Ben-Chorin 1980, p.185; Lapide (1987, p.111) zählt 14 NT-Nennungen Jesu als
Rabbi.

erläutert: „Als Jesus in Pilatus' Gefängnis lag, umringte die Menge das Gefängnis und rief nach seiner Freilassung. Dies war eine sehr natürliche Sache für sie, und einfach eine Fortsetzung ihrer glühenden Unterstützung für ihn zur Zeit seines triumphalen Einzugs und später." Das redaktionelle Problem: „Dieses Ereignis konnte nicht unterdrückt werden, weil es auf einer starken Überlieferung beruhte; aber es stellte für die späteren Herausgeber der Evangelien, die Jesus vom ganzen jüdischen Volk abgelehnt zeigen wollten, eine große Schwierigkeit dar. Sie konnten nicht leugnen, dass das jüdische Volk nach der Freilassung Jesu rief, aber sie fanden eine geschickte Lösung" – aus eins mach zwei! „Das jüdische Volk rief in der Tat Pilatus zu, *Jesus Barabbas* freizulassen, aber nur deshalb, weil ‚Jesus Bar Abbas' der Name des Mannes war, der auch als ‚Jesus von Nazaret' bekannt ist."[70] Aus Jesus dem Barabbas „Jesus oder Barabbas" zu machen war für die Schreiber so federleicht wie folgenschwer für die Juden.

Wie kamen Jesu Sympathisanten dazu, ihn in seiner aramäischen Alltagssprache „Bar Abbas" zu nennen? In seinen authentischen Vaterworten von **Mt 6:9/ Lk 11:2** (Vater unser) **Mt 7:11/ Lk 11:13** (Wenn ihr euren Kindern gute Gaben gebt ... wie viel mehr dann euer Vater), **Mt 6:32 / Lk 12:30** (Euer Vater weiß doch ...) und **Mt 18:14** (nicht der Wille Eures Vaters im Himmel, dass eines von den Kleinen verloren gehe) spricht er nie über *seinen*, sondern immer über *euren* Vater, in störrischer Ablehnung der Rolle des Gottessohnes, die Paulus ihm wegen seines auffallenden Vaterbezugs später überstülpte. „Es gibt einige Beispiele im Talmud von anderen Rabbis, die Gott „Abba" nannten, aber Jesus hat vielleicht eine so auffällige Gewohnheit daraus gemacht, dass er zu dem Namen „Barabbas" als Spitznamen kam, womit sein enges Verhältnis zu Gott bezeichnet wurde."[71] Maccobys Deutung des Beinamens Bar Abbas, *Sohn Vaters* ist plausibel. Doch angesichts der spärlichen Belege (Mk 14:36; Mt 23:9; Röm 8:15; Gal 4:6) überzeugt umso mehr, wie der Brasilianer Nilton Bonder den Namen Bar Abbas auf jene Ära römischer Uterusbesetzung bezieht, als *jemand die Vaterschaft annehmen musste für diese Kinder, die keine Randgruppe waren*: „Kinder unbekannter Väter konnten sich „Sohn des Vaters" nennen – in der symbolischen Form einer göttlichen Vaterschaft oder sogar in ironischer Weise. Diese Bezeichnung ist in der Tat sehr bedeutsam, denn sie steht im Zentrum

---

70 Maccoby 1996, p.114 (Interpunktion leicht verändert, K.Y.R.).
71 Maccoby 1996, p.115.

der messianischen Befreiungsspannung jener vaterlosen Kinder, welche die Kontinuität des Judentums bedrohen." In Brasilien mit seinen vielen *mães solteiras* (ledigen Müttern), wo *filho da mãe* auch ein Synonym für *filho da puta* (Hurensohn) ist, setzt Rabbi Bonder den Akzent somit anders als sein britischer Kollege Maccoby und kommt doch zu demselben Befund, „dass es nicht zwei Angeklagte gab, sondern nur einen – Jesus bar ha-abba, Sohn des Vaters."[72]
Die redaktionelle Aufspaltung von Jesus und Barabbas blieb freilich ziemlich ungehobelt. Dass „Hosianna!" und „Ans Kreuz!" so schnell aufeinander folgten, ist (in Deutschland!) sprichwörtlich geworden für einen abrupten, Undank schreienden Umschwung. Eine untreue Bande, die ihn kurz zuvor mit Palmzweigen empfangen hatte (Mt 21:8), die wenig später als „alles Volk" zu ihm in den Tempel kam (Joh 8:2), die dann „an Jesus hing und ihm zuhörte" (Lk 19:48) und ihn noch „als große Menge Volkes und Frauen, die ihn beweinten und beklagten" (Lk 23:27) auf dem Kreuzweg solidarisch begleitete: genau dieses Gesockse schreit zwischendurch, und zwar „alle" (Mt 27:22) und „das ganze Volk" (Mt 27:25), nach seinem Blut!
Viel eher, so Maccoby, hatte freilich nicht das ganze Volk, aber eine bedenkliche Menge sich vor Pilatus' Palast versammelt – um hier nach was, nach wem zu rufen? Die beiden Puzzleteile, dass erstens „wegen eines Aufruhrs in der Stadt" (Lk 23:19) der „berüchtigte Gefangene namens Barabbas" (Mt 27:16) „zusammen mit den Aufrührern" (Mk 15:7) im Gefängnis saß, und zweitens die Juden „alle zusammen" riefen: „Den Barabbas gib uns frei": diese beiden Bildausschnitte fallen an der Schnittstelle wieder innig zusammen in nur eine Person: in diesen Aufrührer, beliebt bei einer Menge, die vor dem Palast des Pilatus den Namen ihres Hoffnungsträgers skandiert hatte: Bar-Abbas, ha Bar-Abbas, Yeshu ha-Barabbas!
Bar-Abbas, der Sohn des Vaters: Was wollte dieser Vater, dass er tue? Der Prophet Sacharja hatte ihn mit einem ziemlich kompletten Programm versorgt, beginnend mit Anweisungen zum „Höhepunkt der politischen Laufbahn Jesu",[73] seinem Einzug in Jerusalem: „Demütig ist er und reitet auf einem Esel, auf dem Füllen einer Eselin. Er schafft die Streitwagen fort aus Ephraim und die Streitrosse aus Jerusalem ..." (Sach 9:9). Römische Übermacht? Kein Problem: „An jenem Tag wird es geschehen, da wird von Jahwe aus eine gewaltige Verwirrung über sie kommen, und sie werden ... einer die Hand gegen den

---

72 Bonder 1998, p.101.
73 Maccoby 1996, p.91.

anderen erheben" (14:13). Der schlimmen Erinnerung an einen Tief-
punkt („Die Häuser werden geplündert, die Frauen geschändet") lässt
Sacharja schon im nächsten Vers den Ort folgen, von dem das Reich
Gottes ausgehen wird, ausgehen muss: „Dann wird Jahwe ausziehen
und streiten mit jenen Völkern wie einstens ... Seine Füße werden an
jenem Tage auf dem Ölberg stehen, der Jerusalem gegenübersteht im
Osten, und es wird sich der Ölberg in der Mitte nach Osten und Wes-
ten spalten, so dass eine große Schlucht entsteht ... Und dann wird
Jahwe, dein Gott, einziehen und alle Heiligen mit ihm." Und der Rest
„aus all den Völkern, die gegen Jerusalem zogen", wird „Jahr für
Jahr hinaufgehen, um den König, Jahwe der Heerscharen anzubeten"
(Sach 14:2-17). Der Panthervater, so gezähmt, würd' sich dem guten
Vater beugen.

„Dies bewusste Hinarbeiten auf den Tod"
Musste Jesus nicht annehmen, dass er in seinem Projekt selbst das
erste Opfer würde?
Dass Jesu Fanatismus „an Wahnsinn grenze", hatte schon 1864 David
Friedrich Strauß behauptet. 1910 nahm auch Dr. Charles Binet-San-
glé die Frage nach Jesu geistiger Gesundheit auf. In „La Folie de
Jesus" (Das Irresein Jesu) bezeichnet er Jesu Krankheit als „religiöse
Paranoia" und sucht seine Diagnose mit sieben neutestamentlichen
Details zu erhärten, die er als Halluzinationen einstuft. In ähnlicher
Weise zählte anno 1912 der prominente New Yorker Psychiater Dr.
William Hirsh verschiedene Vorfälle von abweichendem Verhalten
Jesu auf und schloss auf einen „Größenwahn, der unaufhörlich und
unermesslich anstieg".[74]
Dagegen bezieht der Elsässer Theologe, Orgelvirtuose und berühmte
Urwalddoktor Albert Schweitzer in seiner „psychiatrischen Beur-
teilung Jesu" 1933 die Gegenposition, man könne „dies bewusste
Hinarbeiten auf seinen Tod ... keineswegs, wie Binet-Sanglé zu tun
geneigt scheint, als eine krankhafte Selbstaufopferung bezeichnen ..."
Vielmehr stelle dieser Opfertod „einen notwendigen Bestandteil des
messianischen Denkens und Handelns Jesu dar."[75] Nach Schweitzers
Meinung wollte Jesus die Geburtswehen des messianischen Zeitalters
auf sich nehmen, im Glauben an den großen Schlag, den großen

---

74 Havis, Don, in: Secular Nation, 2/2001, San Mateo, CA. Übers. Ruth Hofbauer,
IBKA.
75 Schweitzer, p.36 f.

Endkampf, mit dem das Reich Gottes anbrechen würde. „Als Vorbereitung darauf sandte er seine Jünger aus, um seine Mitjuden zu warnen. Er war überzeugt, dass seine Jünger dadurch leiden würden. Als sie unversehrt zurückkamen, war er gezwungen, Gott sozusagen in Zugzwang zu bringen. Er trat selbst in den Vordergrund, nicht nur als Bote des Gottesreiches, sondern als der leidende Gottesknecht."[76] Für Schweitzer verhielt sich Jesus „diametral anders wie [sic] ein verfolgter Geisteskranker", da er nicht inaktiv und defensiv blieb, sondern durch provokante Aktionen „ein Einschreiten gegen sich zu erzwingen" suchte. Entgegen der These seiner Kollegen Binet-Sanglé und Hirsh, Jesus habe an einem „Beziehungswahn" gelitten, „insofern er die messianischen Stellen der Propheten auf sich bezogen habe", sieht Schweitzer, wie Maccoby, diesen Selbstbezug „bei richtiger historischer Würdigung seines Standpunkts" als „eine durchaus normal-psychologische Leistung".[77]

Was Jesu frühe Traumatisierung betrifft, so scheint genau hier die folgende Bemerkung von Dr.Hirsh zu greifen: „Wir haben einen Knaben mit ungewöhnlichen geistigen Anlagen, der jedoch zu psychischen Störungen prädisponiert ist und bei dem sich allmählich Wahnideen formieren. Seine ganze Mußezeit verwendet er auf das Studium der ‚heiligen' Schriften, deren Lektüre sicher zu seiner geistigen Erkrankung beigetragen hat."[78]

Gehörte zu seiner Lektüre die Geschichte von Jiphtach, dem „starken Kriegsmann" – und Sohn einer Dirne – der von seinen Stiefbrüdern erst vertrieben, dann zurückgeholt und „als Haupt und Anführer" (Ri 11) an die Spitze des siegreichen Heeres gegen die Midianiter gestellt wurde?

Identifizierte er sich mit Samson, dem Prototyp des Selbstmordattentäters, dessen Biographie, ebenfalls im Buch der Richter (13-16), anfängt mit dem Engel Jahwes, der einer unfruchtbaren Daniterin erscheint und ihr verkündet: „Du wirst empfangen und einen Sohn gebären ... und er wird anfangen, Israel aus der Hand der Philister zu retten"?

Während Samson durch brachiale Körperkraft hervorstach, war der charismatische Galiläer Jesus (der nach Celsus, den Petrus- und Johannesakten im 2.Jh. sowie Ephrem Syrus im 4.Jh. körperlich klein, nach einer umstrittenen römischen Beschreibung nur 150 cm groß

---

76 Zit. nach De Rosa, p.179 und Nicholls, p.25.
77 Schweitzer, p.15 und 30.
78 Schweitzer, p.22.

war)[79] selbst überrascht und beeindruckt von den heilenden Effekten seiner bloßen Anwesenheit, seines Handauflegens oder der bloßen Berührung seines Gewandes durch hochgespannte Heilungsuchende; das heißt durch die Offenheit „dünner Membranen", die bei Menschen mit pränatalem Trauma nicht selten ist.[80] Sah er, der scheinbar alle Krankheiten heilen, alle Dämonen austreiben konnte durch bloße Handauflegung – sah er sich auch befähigt, die schweinischen Legionen aus dem Land zu treiben, indem er quasi seine Hand auf den Ölberg legte?

Die Berichte in den Evangelien, von seinem Schweigen und seiner Teilnahmslosigkeit beim Verhör, sind für Maccoby durchaus plausibel, „nicht aus der Ergebung in den Tod oder dem Wunsch nach Kreuzigung, sondern aus völliger Verzweiflung und Enttäuschung ... Er hatte sich so sehr auf das erwartete Wunder am Ölberg verlassen, dass sein ganzes apokalyptisches System der Erlösung nun zerbrochen war."[81]

Der Vater oben griff nicht ein, der Römer unten beugt sich nicht dem Druck der Straße, spricht nur drei Worte: „Ibis in crucem!"
Und so kam es, dass dieser Bar-Abbas, der eine Woche vorher auf Palmzweigen der Hoffnung durch das Osttor in die Stadt geritten war, der gestern durchs Osttor auf den Ölberg ging, sich nun durchs Nordtor hinausschleppt, mit einem Balken auf der Schulter.

Der letzte Weg eines Mannes, den manche für den Messias hielten: Sein letzter Schrei „Eli, Eli, lama sabachthaní? – Mein Gott, mein Gott, warum hast du mich verlassen?" ist der Psalmvers 22:2. Zum freiwilligen Opfer à la Paulus, alles dem Vater zuliebe, passt der Vers wie ein Dementi – und wie ein Ausrufezeichen zur Hoffnung auf den guten, starken Vater oben, gegen den bösen Römervater unten.

Wieder ein Messias gescheitert. „*Awanim u meschugaim*" – „Steine und Verrückte" finde man genügend in Jerusalem, sagt ein jüdisches Sprichwort treffend bis heute. Die Polizeizentrale betreute im Jahr 2008 die neue Rekordzahl von mehr als 200 männlichen Touristen, die in der Stadt zur Überzeugung kamen, sie seien der Jesus. Jerusalem liegt tausend Meter hoch, ist relativ kühl, an zu viel Hitze kann's nicht liegen. Eher an zu viel Kreuzen, in Kinderseelen verankert und nun dort, wo man dran starb, herausbrechend.

---

79 Wikipedia, Artikel „Race and appearance of Jesus"; römische Beschreibung: Lehmann, p.10 f.
80 Alberti, p.172.
81 Maccoby 1996, p.107.

Die letzten und die ersten: Frauen

Bei seinem Weg hinauf nach Golgota „folgte ihm aber eine große Menge des Volkes und Frauen, die ihn beweinten und beklagten. Und diese Frauen sind die letzten menschlichen Wesen, die er anspricht: „Ihr Töchter Jerusalems, weinet nicht über mich, weint vielmehr über euch selbst und eure Kinder ..." (Lukas 23:27-31). Frauen, die ihm von Galiläa her „nachfolgten und dienten, und viele andere, die mit ihm nach Jerusalem hinaufgezogen waren, sahen sein Leiden am Kreuz „von ferne ... unter ihnen auch Maria von Magdala, Maria, die Mutter des jüngeren Jakobus und des Joses, und Salome." (Mk 15:40). „Bei dem Kreuze" standen nach Johannes (19:25) „seine Mutter und die Schwester seiner Mutter, Maria des Klopas und Maria von Magdala". Sogar die Getränke, die ihm angeblich von den Soldaten gereicht wurden, waren generell eine weibliche Geste. Der von allen Evangelisten erwähnte Essig galt als billiger Durstlöscher, aber Markus' „Wein gemischt mit Myrrhe weist auf einen im Talmud erwähnten Brauch: Noble Frauen pflegten die Leiden der Opfer mit betäubenden Getränken zu lindern. Noch nach seinem Tod sind es zuerst Frauen, die ihm nahe bleiben. Matthäus (27:61) erwähnt „Maria von Magdala und die andere Maria" als Beteiligte seiner Beerdigung. Am übernächsten Tag, „als der Sabbat vorüber war", so erzählen die letzten Verse des zeitlich ersten Evangeliums, „kauften Maria von Magdala, Maria die Mutter des Jakobus [wie auch des Jesus, Joses, Judas, Simon ...], und Salome Balsam, um hinzugehen und ihn zu salben." Als sie am Grab ankommen, ist der Verschlussstein weggerollt und das Grab leer, abgesehen von einem jungen Mann in weißem Gewand, der ihnen sagt: „Er ist auferweckt worden, ist nicht hier. Seht da die Stelle, wo sie ihn hingelegt hatten. Aber geht, sagt seinen Jüngern und Petrus, er geht euch voran nach Galiläa; dort werdet ihr ihn sehen, wie er euch gesagt hat" (Mk 16:1-8).

Wann hatte er das gesagt? Und was sagt es aus, wenn die drei Frauen, denen Jesus so nahe stand, nun vom Grab wegrennen, „denn Angst und Entsetzen hatte sie gepackt"? Und warum endet Markus' Schlusskapitel in seiner ursprünglichen Form so weltlich, ohne wirkliche Zeugen einer Auferstehung, wogegen fünfzehn Jahre früher Paulus den Korinthern (1:15:3-8) schwarz auf weiß versichert hatte: „Er ist begraben worden und am dritten Tage auferweckt nach der Schrift, und er ist dem Kephas erschienen, dann den Zwölfen [also mit Judas]. Danach ist er mehr als 500 Brüdern auf einmal erschienen ... danach dem Jakobus, dann allen Aposteln. Zuletzt von allen ist er auch mir erschienen ..."? Die Erklärung für die Diskrepanz ruht in Pauli letzten Worten: So wie Jesus mehr als zehn Jahre nach der Kreuzigung „... auch mir erschien", nämlich in einer körperlos-spirituellen Vision, so lässt Paulus ihn auch den führenden Personen der Jerusalemer Gemeinde erschienen sein. Pauli visionäre, innerpsychisch übernatürliche und rein männliche Interpretation von Jesu Auferstehung – ihm zufolge hat kein sündiges weibliches Wesen den Auferstandenen gesehen – kontrastiert bizarr zum nüchternen Bericht der drei jüdischen Frauen, die niemals behaupteten, sie hätten den, der ihnen im Leben so nahe stand, nach seinem Kreuzestod neuerdings lebend gesehen.

Fragen wir uns doch, wie sie wohl den Sabbat nach seiner Kreuzigung und Grablegung verbracht haben. Der Sabbat ist kein Trauertag. Wie schafft man/frau es, nach solchem Ende nicht in Depression zu sinken? Was lesen, um neue Hoffnung zu gewinnen? Was hatte *Er* gelesen? Hoseas Kapitel 6? „Auf, lasst uns zu Jahwe zurückkehren! Er hat zerrissen, er wird heilen, er hat geschlagen, er wird verbinden. Er wird uns beleben nach zwei Tagen und *am dritten Tage* aufrichten, dass wir vor ihm leben ... *Sein Aufgang ist* sicher wie die *Morgenröte* ... Denn Liebe will ich, nicht Opfer; Erkenntnis Gottes, nicht Brandopfer."

Am dritten Tag in der *Morgenröte* gingen Schwester Salome, Mutter Maria und Freundin Magdalena zum Grab. *Sein Aufgang ist* ...? Das Grab ist leer.

Crossan bezweifelt dieses leere Grab als historisches Faktum, aber Geza Vermes meint, diese Leere sei zu tief in der Tradition verwurzelt, um als unwahr abgetan zu werden, zumal es in den Passionserzählungen „der einzig solide Fakt am Grunde aller dieser Geschichten" sei.[82]

Matthäus übernimmt diesen „soliden Fakt" von Markus, inklusive „Seht, wo er gelegen hat" und „Er geht euch voran nach Galiläa", baut aber den Bericht der jetzt nur noch zwei Frauen in einen Rahmentext von großem Erdbeben und jüdischer Bestechung der römischen Grabwächter, die dann wie gewünscht die jüdische Lüge vom Leichendiebstahl verbreiten.

Lukas weiß davon nichts, macht aber aus einem Mann in Weiß zwei und lässt den „soliden Fakt" durch Petrus bestätigen, der sich ins Grab hineinbeugte „und sah nur die Leichentücher".

Johannes reduziert das Frauentrio auf allein Maria Magdalena,

---

82 Nicholls, p.117.

gesellt dem Inspizienten Petrus einen zweiten Jünger bei und gibt die historisch korrekteste Beschreibung jüdischer Begräbnisriten bezüglich der zu Jesu Zeiten üblichen Felsengräber. Diese Kavernen dienten einem Begräbnis in zwei Schritten: Der balsamierte Körper blieb ausgestreckt in ihm liegen, bis man ein Jahr später die trockenen Knochen in ein kleines tönernes Gefäß (das Ossuarium) legte, um sie mit den anderen Ossuarien des Klans nun im selben Felsengrab zu belassen.

Wenn wir annehmen, dass ein verschwundener Körper der Startpunkt aller dieser Visionen war (wie die Mehrheit der Forscher annimmt), bleiben uns zwei Interpretationen: Entweder der Körper wurde entfernt beziehungsweise umgebettet in ein anderes Felsengrab – was Matthäus bestreitet, indem er den üblichen Verdächtigen Bestechung unterstellt. Oder der Gekreuzigte war nicht tatsächlich echt wirklich tot, was Johannes mittels physischer Beweise (Knochenbrüche, Seitenwunde, Balsamierung) dementiert.

Flavius Josephus, der als jüdischer Offizier gefangen wurde, dann aber, protegiert durch die Familie Flavius, in römischen Diensten bis zum Jahr 100 lebte, erinnert sich in seiner Biographie (Sektion 75) an einen, der seine Kreuzigung überlebte: „Ich sah viele Gefangene gekreuzigt, und erkannte drei von ihnen als frühere Freunde. Dies machte mich sehr traurig, und mit Tränen in meinen Augen ging ich zu Titus und erzählte ihm von ihnen; sofort befahl er, sie abzunehmen und bestmöglich zu versorgen, damit sie sich wieder erholten. Doch zwei von ihnen starben unter den Händen des Arztes, während der dritte wieder genas."

In der jüdischen Rechtsprechung galt die Tatsache, dass ein Mann am Kreuz hängend gesehen worden war, nicht als juristisch hinreichender Beweis seines Todes. Nach dem Talmud konnte die Gattin eines Gekreuzigten nur dann wieder heiraten, wenn glaubwürdige Zeugen den Tod ihres Mannes festgestellt oder er selbst, vom Kreuz aus, in eine Scheidung eingewilligt hatte. Denn es sind Fälle von Gekreuzigten überliefert, die bis zu fünf Tage lang an Balken und Leben hingen – lange genug, „um ihre Begnadigung mittels Bestechungsgeldern bei den Römern zu erwirken und sie nach der Abnahme vom Kreuz gesund zu pflegen".[83]

Vom Kreuz gesund zu pflegen: welch ein humaner Kontrast zu Crossans worst-case-Szenario, in dem er, eingedenk „all der Tausende gekreuzigter Juden rund um Jerusalem in diesem schrecklichen er-

---

83 Lapide 1984, passim.

sten Jahrhundert, von denen wir nur ein Skelett und einen Nagel fanden" das solide Faktum des leeren Grabes erklärt mit „the dogs, again, at worst."[84]

Das best-case-Szenario begänne wohl mit „den reichsten Matronen unter den ‚lieben Frauen von Jerusalem', die, wie wir lesen, den Kreuzigungen beiwohnten und es durch Bestechung römischer Soldaten und Offiziere hin und wieder schafften, dass ein noch atmendes Opfer vom Kreuz abgenommen wurde."[85] Und es schlösse, angesichts der Hinweise auf Galiläa in den Schlusskapiteln von Markus, Matthäus und Johannes, mit der „Grab Jesu-Tradition", auf die sich im 16.Jahrhundert der galiläische Kabbalist Isaak Luria bezog und die jedenfalls hohe Wertschätzung bezeugt: Luria sagt, Jesus liege nahe der galiläischen Berggipfelstadt Safed begraben, und er zählt sein Grab unter „die Grabstätten der Gerechten".[86]

Ende und Anfang

Keine christliche Theologie erklärt, wie das phallische Kreuz seines Endes mit der phallischen Gewalt seines Anfangs zusammenhängt und aus ihr folgt. Korrekte Krippenspiele versüßlichen den Anfang, verschärfen damit den Hass auf die Juden, die das weihnachtliche Christkind verläßlich schon kurz vor Ostern kreuzigen werden.

Miriams Hebammen bringen also einiges ans Licht der Welt, zu jeder Jahreszeit. Vor allem geben sie der Miriam, die christlich gesehen als Verlobte des Josef ungefragt vom Herrn des Universums schwanger wurde, die Ehre eines völlig unschuldigen, durch männliche Gewalt traumatisierten, aber resilienten, das heißt ihr ungewolltes Kind gegen alle Umstände liebenden, jungen weiblichen Opfers.

Dieses ungewollte Kind wurde zu einem Mann, der für Frauen eintrat und bis heute in androgyner Weichheit gemalt, aber christlich von zwölf Männern umgeben wurde. Wer „den Feministen Jesus" über sein Judentum wiederzuentdecken suche, solle nicht diejenigen *Jewish foresisters* abwerten, „die in die Sichtweise und Bewegung Jesu eintraten", warnt die katholische Theologin Elisabeth Schüssler-Fiorenza.[87] Es gab diese jüdischen Ahnschwestern, Jüngerinnen, Freundinnen des Barabbas in einer Präsenz, die den männlichen

---

84 Crossan, p.188: „... die Hunde, wiederum, im schlimmsten Fall."
85 Cohn, Haim, p.239.
86 Tabor, p.295-300.
87 Ellis 1997, p.139.

Kirchenvätern wohl eher peinlich und des Verschweigens wert war. Schade, denn wegen diesem hochwirksamen Filter können wir heute nicht rekonstruieren, was diese Zeitgenossinnen in Jesu öffentlichen Diskurs einbrachten. Als heutige Jüngerin Jesu klagt die Theologin Rosemary Radford Ruether, dass der männliche monotheistische Gott in vielen Bereichen Herrschaft verstärkte: von Männern über Frauen, Menschen über Tiere und den Rest der Schöpfung. Ebenso klar ist für Elisabeth Schüssler Fiorenza, dass christliche und jüdische Theologie nach dem Holocaust einen patriarchalen Gott ablehnen müssen und sie eben dies nur tun können, wenn sie den Verlust der Beiträge von Frauen beklagen und ihre theologische Dehumanisierung zurückweisen." Fiorenzas Protest richtet sich „gegen die Zerstörung von Leben, die zu oft legitimiert wird durch einen missbrauchenden Gott, der eine Projektion und Verteidigung patriarchaler Interessen ist.[88]

Ein missbrauchender Gott? Wenn in *Miriams Hebammen* der Herr des Universums sich vor Gericht verteidigen muss, mag das „kyriarchalen" Christen als respektlos erscheinen. „In jüdischer Liturgie", stellt dagegen Rabbi Irving Greenberg klar, ist „keine Verhandlung authentisch ohne Gott vor Gericht zu stellen".[89] Eli Wiesels *Prozess von Schamgorod: So wie er sich am 25. Februar 1649 abgespielt hat* inszeniert eine solche Verhandlung. Auch das autobiographische Nein des Auschwitz-Überlebenden Imre Kertész in seinem „Kaddisch für ein nicht geborenes Kind" bringt den Schöpfer vor Gericht: *„Nein!" Nie könnte ich Vater, Schicksal, Gott eines anderen Menschen sein, „Nein!", nie soll ein anderes Kind durchleben müssen, was ich durchleben musste, Kindheit, „Nein!" tobte, brüllte es in mir, es darf nicht sein, dass diese Kindheit ihm – dir – mir widerfährt ...[90]* Martin Buber dagegen verteidigt einen humanen Gott, stellt per Frage einen andern unter Anklage: *„Wenn der Gott der Liebe und der Barmherzigkeit es vor Schmerz schon nicht ansehen konnte, dass Abraham seinen Sohn schlachten wollte – wie hätte er es zulassen können, dass man seinen eigenen Sohn dahinmordete, noch dazu in der grausamsten, unmenschlichsten Weise auf Erden?"[91]*

Und Sarah, die ihren Sohn *itzchak*, „Er-wird-lachen" genannt hat-

---

88 Ellis,1997, p.138 f.
89 Greenberg 1993, p.213.
90 Kertesz, p.118.
91 Buber, Martin (Hg): Aggadat Bereschit. Wilna 1925, p.31 (nach Lapide 1988, p.58 f.)

te? Was sagte sie zum knapp verhinderten patriarchalen Opfer ihres Sohnes? Gar nichts. Nach nur fünf weiteren Bibelversen (Gen 22:20-24), die stolz von 12 Söhnen ihrer Schwägerinnen Milka und Reuma, aber kein Wort von Sarah berichten, stirbt sie einfach. Nachwort des humanistischen Rabbis Edward Klein: „Sarah verlässt Abraham, kehrt nie zurück, spricht nie mehr ein Wort mit ihm bis zu ihrem Tod, der wohl bewirkt war durch das, was Isaak geschah".[92]
Immerhin: Die gültige Version der Erzählung lässt Gott eingreifen, um Schluss zu machen mit Isaaks und allen andren Menschenopfern.

Der Opfersohn von Miriam wurde ein prominenter Gegner von Gewalt. Ein solches Lob des Jesus scheint naiv und schönfärberisch angesichts der unzähligen gewalttätigen Worte Jesu, die überliefert sind. Aus guten Gründen hält Gerd Lüdemann jedoch keines der Gewalt androhenden Jesusworte zum christlichen Höllenkomplex (Mt 5:22, 8:12, 10:15, 10:28, 11:22-24, 18:7-9, 22:13 usw.) für authentisch – auch nicht die Stelle Mt 25:41, von Michelangelo in die Sixtinische Kapelle gemalt und leicht an Selektion in Auschwitz erinnernd: „Wenn der Menschensohn in seiner Herrlichkeit kommt ... wird er sie voneinander scheiden ... und zu denen auf der Linken sprechen: Hinweg von mir, in das Feuer ...". Solches Lob des Feuers wäre mehr als seltsam für einen Jesus, dessen treueste Nachfolger, die Ebioniten, das Feuer der Tieropfer im Tempel auslöschen wollten. „Ebioniten" war der spätere Name für die Nazoräer (Apg 24:5) oder Nazarener, die selbst die Nachfolger der Jerusalemer „Urkirche" waren; Jesus selbst wird sowohl Nazarener (Mk 14:67) als auch Nazoräer (Apg 4:10) genannt. Die vegetarisch lebenden Ebioniten sahen Jesus als rein menschlichen Propheten wie Moses, als einen Reformer des Mosaischen Gesetzes. Sie glaubten an die Auferstehung der Toten und hofften auf die Rückkehr Jesu; sie praktizierten Gewaltlosigkeit einschließlich der Verweigerung des Militärdienstes. Auch Brandopfer lehnten sie getreu ihrem Meister ab und ersetzten deren Flammen durch ein löschendes Element: das Wasser der Taufe. Und klar wie Wasser war auch ihre Begründung, weshalb sie Pauli Lehre der Erlösung durch Jesu blutiges Sühnopfer zurückweisen mussten: Nach ihrer Ansicht hatte Jesus „die Taufe als Mittel der Reinigung und Buße an die Stelle der blutigen Tieropfer gesetzt. Damit hatte er nur erreicht, was Moses ersehnte: die Abschaffung der Tieropfer ...

---

92 Edward J.Klein, „My Jewish Odyssey", in: Humanistic Judaism, No.1, 2105, Farmington Hills, Michigan, p.40-41.

Die Christenheit war vom jüdischen Opfergottesdienst nicht durch das universal wirksame Opfer des Sohnes befreit worden, wie die Paulus folgende Kirche lehrte, sondern vielmehr durch die Wasser der Taufe, durch die Jesus den Opferkult gelöscht hatte."[93] Jesus, der ein Kind heranrief, es in ihre Mitte stellte und sagte: „Wenn ihr nicht umkehrt und werdet wie diese Kinder, werdet ihr nie das Himmelreich betreten" (Mt 18:3), dieser Jesus setzte sich somit für die drei am meisten von männlicher Gewalt bedrohten Gruppen ein: Kinder, Frauen, Tiere. Und er wurde missbraucht zur Rechtfertigung eines Zölibats, das zu priesterlicher Gewalt gegen Kinder wohl nicht wenig beitrug. Das Kreuz, an welches er als Lamm Gottes seit tausend Jahren hingeschnitzt wird, rechtfertigt seit tausend Jahren Gewalt gegen „seelenlose" Tiere, es verkündet eine Leibverachtung, die in die Verachtung, wenn nicht Verbrennung von Frauen mündete, und es prangt als schwarzes Kreuzritterkreuz auf den Tanks, Kreuzern und Jagdbombern, mit denen deutsche Armeen in zwei Weltkriegen Europa mit Gewalt überzogen und sechs Millionen Nachkommen der angeblichen Jesuskreuziger umbrachten.

In seinem Buch „Man Into Wolf" beschreibt der jüdische Philosoph Robert Eisler, wie die Vergewaltigung von Frauen mit dem Übergang unserer frühmenschlichen Vorfahren zum Fleischverzehr zusammenhängt. Am Tier erlernten wir gewalttätig zu sein. Gewaltbereitschaft wurde belohnt durch Überleben, wurde zum genetischen Vorteil für die Nachkommen von Männern, die instinktive Restriktionen gegen sadistische Impulse zu überspringen lernten: Diese neuen „Stämme" (im genetischen und sozialen Sinn) „machten Beute bei den konservativeren, Früchte sammelnden Frühmenschengruppen, denen es widerstrebte, den blutdürstigen neuen Lebensstil zu adoptieren; sie töteten die männlichen, vergewaltigten und versklavten die weiblichen Frühmenschen, fielen über sie her ... "[94]

Zigtausend Jahre später und zweitausend nach Panthera schreibt die im Schwarzwaldort Tiengen geborene Gabriele Schwab, Professorin für Literatur in Kalifornien, in „Haunting Legacies": „Es gibt Formen der Gewalt – der Holocaust, Genozid, und Vergewaltigung, die man als außerhalb jeder Darstellbarkeit erachtet. Doch auch sie rufen nach Sprache, Bezeugung und Dokument."

93 Schoeps, Hans-Joachim, p.60 and 83.
94 Eisler, p.37: „preyed on the more conservative fruit-gathering human herds reluctant to adopt the bloodthirsty new mode of life, killing the males, raping and enslaving the females, falling upon them ..."

Miriam und die Hebammen beweisen, dass auch die empörende Art von Gewalt, die sie erlitten, nicht „beyond representation" ist, sondern danach ruft, zur Sprache und auf die Bühne zu kommen. „Wir brauchen", schreibt Gabriele Schwab, „eine Theorie der traumatischen Narrative für das Paradox, zu erzählen was nicht sagbar ist oder zum Schweigen gebracht wurde."[95]

Die extreme Tortur der Kreuzigung ähnelt Vergewaltigung als „Rückkehr in katastrophische Hilflosigkeit, verwandt mit der eines missbrauchten Kindes".[96] Das Kreuz, als plastisch geformte, mit den 1492 bzw. 1942 begonnenen *Genoziden* eng verbundene *Tortur*, stand am Ende eines Lebens, dessen Anfang in *sexueller Gewalt* nicht sagbar war oder zum Schweigen gebracht wurde. Miriams Hebammen reden und spielen davon.

„Im Theater geht es darum, Emotionen zu verkörperlichen, ihnen Stimme zu geben, rhythmisch engagiert zu werden, verschiedene Rollen aufzunehmen und einzukörpern." Der 1943 im besetzten Holland geborene US-Therapeut Bessel van der Kolk sieht in diesem Sinne Theater auch als körperliche Therapie: „Theater sucht nach Wegen, die Wahrheit zu sagen und dem Publikum tiefe Wahrheiten mitzuteilen."[97] Im Sinn des von Van der Kolk beschriebenen Bostoner Trauma Drama, im Sinn von Augusto Boals Theater der Unterdrückten ebenso wie von Jacob Levy Morenos Psychodrama könnten Miriams Hebammen für ein Ensemble gewalt-traumatisierter Frauen befreiend wirken.

Schluss mit Utopie, mit einem Satz, den Miriams Sohn gut kannte, Jesaja 11:6: „Dann wohnt der Wolf bei dem Lamm und der Panther lagert beim Böcklein". Heute (oder schon lange) ist es Zeit, die Verraubtierung – *Man Into Wolf* – des Menschen umzukehren, Zeit für den Silberstreif, den Robert Eisler am Horizont erkennt:

„Wie C.G.Jung so klar sagt, ist die Tradition vom Sündenfall und der Vertreibung aus dem Paradies ein Archetyp ... Wenn es nie einen Sündenfall gegeben hätte, konnte und kann es nie eine Erlösung geben. Wenn aber ein sehr definitiver Sündenfall geschah, wenn die menschliche Natur ursprünglich nicht wölfisch, sondern die eines friedlichen, Früchte essenden, nicht kämpfenden und nicht einmal

---

95 Schwab, p.48: „There are forms of violence – the *Holocaust, genocide, torture* and *rape* – that are considered beyond representation. Yet they also call for speech, testimony, and witnessing".
96 Schwab, p.153.
97 Van der Kolk, p.337.

eifersüchtigen Tieres war, das seine gegenwärtigen räuberischen, mörderischen, eifersüchtigen Gewohnheiten unter extremem Umweltdruck erwarb, durch Nachahmung blutrünstiger Feinde seiner eigenen Spezies, dann gibt es Hoffnung auf Änderung unserer gesellschaftlichen Organisation und unserer Umwelt, allmählich oder plötzlich, so dass wir die fatale Wolfsmaske wegwerfen, das archetypische Biest in uns zähmen und der Menschheit ihren ursprünglichen Status von Ahimsa oder Unschuld zurückgeben, Frieden schaffen können auf der Erde für Menschen guten Willens."[98]
Während des letzten Krieges, über Polen gebracht durch einen sensiblen, von seinem Vater fast totgeprügelten Sohn, der seinen Schäferhund erziehlich zu prügeln pflegte und selbst „Herr Wolf" genannt werden wollte, schrieb Itzig Manger das folgende Lied, dessen Melodie auch Miriams Hebammen singen:

Unter di khurves fun poyln	Unter den Trümmern von Polen
a kop mit blonde hor.	ein Kopf mit blonden Haar'n.
Der kop un zay der khurbn,	Der Kopf und so die Trümmer,
beyde zenen vor.	beide sind sie wahr.
Iber di khurves fun poyln	Über die Trümmer von Polen
falt un falt a shney.	fällt und fällt der Schnee.
Der blonder kop fun mayn meydl	Der blonde Kopf von mein' Mädchen
tut mir mezukn vey.	tut mir gefährlich weh.

Dolye mayn dolye, dolye, dolye mayne.   Schicksal, mein Schicksal ...

Der veytik zitst baym shraybtish	Das Wehleid sitzt am Schreibtisch
un shraybt a langen briv.	und schreibt einen langen Brief.
Di trer in zayne oygn	Die Träne in seinen Augen
iz emezdik un tif.	Ist wahrhaftig und tief.
Iber di khurves fun poyln	Über den Trümmern von Polen
flatert a foygl um.	flattert ein Vogel herum.
A groyzer shive foygl,	Ein großer Todesklagvogel,
er tsitert mit di fligl frum.	die Flügel zittern ihm fromm.

Dolye mayn dolye, dolye, dolye mayne.   Schicksal, mein Schicksal ...

Der groyze shive foygl,	Der große Todesklagvogel,
mayn dershlogn gemit:	mein zerschlag'nes Gemüt:
Er trogt oyf zayne fligl	Er trägt auf seinen Flügeln
dos dozike troyer lid	das grausig traurige Lied.

Dolye mayn dolye, dolye, dolye mayne.   Schicksal, mein Schicksal .

---

98 Eisler, p.44 und 51 f.

B Auf Bühnenbrettern

MIRIAMS HEBAMMEN
Vier Frauen spielen Christgeburt

Personen:
Miriam, eine hochschwangere, ledige junge Frau, wird besucht von
ihren drei Freundinnen:
Abigal
Michal
Dinah

Zeit: 3 v.C. **Ort**: Nazaret

Requisiten: Kochtöpfe als Römerhelme und Schlagzeug für Rap;
Eine Holzbank ohne Lehne
Ein Spinnrocken mit loser Wolle
Eine Spindel mit Wirtel (s.u.)
Ein Besen
Ein Hammer.

Spindeln mit
Wirteln aus
Schamotte
(links, 6.Jh.,
wikingisch),
bzw. aus Speck-
stein und Ton.

1. Szene: Die drei Hebammen (Freundinnen) auf dem Weg zu Mirjam

Ouverturap – so könnte man die musikalische Eröffnung des Stückes durch die drei Hebammen nennen.
Dinah, eine reifere Frau, mit einer Stofftasche an der Schulter, kommt von links bis zur Bühnenmitte, wendet sich und „geht" dann ständig auf das Publikum zu.

Dinah: Wenn sie kommen
Nettes Mädchen nimm ein Bad im Kuhmist,
wenn sie kommen,
Schöne Frau mach dich so hässlich wie du kannst,
wenn sie kommen,
Junge Frau renn in den Wald duck dich im Dickicht
wenn sie kommen,
Oder lass sie alles mit dir machen
schau dem Schwein in seinen Rachen,
wenn sie kommen.
Nein, sie wollen dir nichts antun
wollen nur ein kleines Brathuhn
Wenn sie kommen,
Wollen nur ein kleines Täubchen
mit zwei Brüsten unterm Leibchen ...

Abigal, ebenfalls mit Tasche, ist von rechts gekommen, steht nun unschlüssig wartend neben Dinah.

Dinah: Na nun komm schon.

Beide gehen am Ort zusammen weiter und sprechen den Rap zusammen. Abigal nimmt ein Metallgefäß aus der Tasche und schlägt mit einem Löffel den Rhythmus.

Beide: Kleines Fräulein, nichts zu ändern,
musst du leben mit den Schändern,
mit den Herrn in allen Ländern,
Wenn sie kommen.

Hüt dich vor Schwarzen und vor Weißen,
die dir an der Wäsche reißen,
und vor Hindus, Juden, Christen,
auch vor, Moslems, Atheisten,
und vor allem vor den Frommen,
wenn sie kommen.

Es geht ums Stoßen mit dem Großen
nicht um Lust, hast du's gewusst?
Es geht um Mannsein, Erigieren
und um Macht und Kopulieren
Wenn sie kommen.

Es ist halt leider die Natur
und jede Frau wird da zur Hur,
weil halt Herrgottnochmal der Mann
ganz einfach gar nicht anders kann
als in natürlichem Bestreben
immer alles herzugeben.
Und entsteht dann neues Leben
– warum nicht? So ist das eben,
denn kein Wasser löscht die Flammen,
Wenn sie kommen.

Michal, ebenfalls beladen, ist von links gekommen, schaut nun fragend auf Dinah und Abigal.

Abigal: Ja, nun komm schon.

Sie gehen weiter mit ihrem Rap, nun begleitet auch von Michals Rhythmusinstrument, einem Gefäß mit trockenen Körnern.

Zu dritt: Junges Mädchen sei doch froh
und danke Gott, es ist halt so,
und Dank ihnen bist auch du jetzt
Guter Hoffnung.
Und am dicken End wird's dich drücken
und das Licht der Welt erblicken.
Und du gibst ihm deine Brust,
das Baby trinkt, es trinkt mit Lust

an deine Brust wirst du es pressen
und dich fragen, es ist wessen?
Und niemals wirst du vergessen
diesen Tag
als sie kamen.

Abigal: An einem schönen Morgen wie diesem.

Michal: Das wird ein heißer Tag heute, hat meine Mutter gesagt.

Abigal: Heute?

Michal: Nein, damals.
Übrigens, Dinah.

Dinah: Hm?

Michal: Ich find's ja gut.

Dinah: Was?

Michal: Deine Idee, dass wir drei die Mirjam besuchen.

Dinah: So treffen wir drei wieder zusammen.

Michal: Aber glaubst du wirklich, dass es ihr was hilft?

Dinah: Warum nicht?

Michal: Die Wunde wieder aufreißen?

Abigal: Drei Wunden. Die deine, Michal, meine, und die von Mirjam, die jetzt bald aufplatzt. Dinah, du als Hebamme von Nazaret. Wie kommst du auf die Idee? Warum bringst du uns drei Jungfrauen von Nazaret wieder zusammen?

Dinah: Warum?

Michal: Ja, warum?

Dinah: Abigal, du bist nicht schwanger geworden. Michal, du bist nicht schwanger geblieben. Aber Miriam?

Michal: Meinst du, Miriam hat's am schwersten und wir zwei sind noch mal davongekommen? Mit blauem Auge vorbeigeschrammt? Meinst du ich werde jemals vergessen können wie die drei Legionäre um mich rum gestanden sind?

Abigal: Und wie das Schwein mich auf den Boden geworfen hat, meinst du, das geht mir nochmal aus dem Kopf und aus dem Körper?

Michal: Und wie die drei Dreckskerle mich gefragt haben, na, hat's Spaß gemacht mal so richtig durchgefegt zu werden?

Abigal: Na, Kleine, willst du dich nicht bedanken? Hab ich's dir nicht toll gegeben?

Michal: Freilich hat's ihr Spaß gemacht sonst hätt sie ja nicht so geschnauft und so gewackelt mit dem Hintern, gelle? Der Legionär ist allzeit bereit.

Abigal: Titus weiß, was Frauen wünschen.

Michal: Bitte, Abigal, sag das nicht nochmal. Das war genau das, was er gesagt hat.

Abigal: Was? Titus weiß, was Frauen wünschen?

(Außer sich, wirft Michal Abigal auf den Boden).

Michal: Ich habe dir gesagt, sag das nicht nochmal. Ich halt das nicht aus, es kommt alles wieder über mich wie damals. So wie ich jetzt über dir liege, so hat er damals über mir gelegen und mir oben seinen schlechten Atem ins Gesicht geschnauft und mir unten seinen dreckigen Penis reingestampft. So, ja so, und immer wieder, und seine Kameraden haben gelacht und gesagt (sie spricht und agiert mit dem Unterkörper im Rhythmus des Koitus): Fester, Mann, ja, fester, gib's ihr endlich, gib's ihr richtig, dass sie weiß, wie Römer reingeh'n, komm schon endlich, komm schon Junge, du blamierst ja unsere ganze geile Le-gi-oooon!

(Sie lässt erschöpft ihren Kopf an die Seite von Abigals Kopf sinken, kommt wieder zu sich).

Michal: Entschuldige, Abigal. Bitte verzeih mir. Das ist alles plötzlich aus mir rausgebrochen.

Abigal: Klar, ich verstehe alles. Ich bin ja verständnisvoll. Und wer soll dich verstehen, wenn nicht ich? Aber mach das bitte nicht nochmal, hörst du?

Michal: Dinah, hast du's gesehen? Du siehst doch und du weißt doch, wie das noch in uns drinsteckt. Wie sollen wir zwei Miriam helfen können?

Dinah: Wer sonst? Wer sonst denn soll ihr helfen können als ihr zwei, wir drei?

Abigal: Na gut. Dann kommen wir drei halt zusammen.

Sie singen nach der Melodie von „Unter di khurves fun poyln"

Dinah: Zu dem Haus von der Miriam
Führt uns der Morgenstern
Du arme kleine Miriam,
es wird schon wieder wer'n.

Alle: Miriam, kleine Miriam,
Miriam, kleine Miriam,
Miriam, kleine Miriam,
Miriam, kleine Miriam.

Abigal: Über'm Haus von der Miriam
Neunmal grinst schon der Mond,
So fett und ferne, und helfen
Hat er ja nicht gekonnt.

Alle: Miriam, kleine Miriam,
Miriam, kleine Miriam,
Miriam, kleine Miriam,
Miriam, kleine Miriam.

Michal: Schlagt den Römern die Fressen
Mit schweren Felsbrocken ein.
Dann woll'n wir das damals vergessen
Und alles gern verzeih'n.[99]

Alle: Miriam, kleine Miriam,
Miriam, kleine Miriam,
Miriam, kleine Miriam,
Miriam, kleine Miriam.

Dinah: Nein. Vergessen hilft nicht, verzeihen auch nicht. Miriam ist jung, braucht Kraft für ein Leben, nein, zwei Leben.
Ich will, dass sie drüberkommt. Dass ein kleines Lächeln auf ihr Gesicht kommt und ein Ja in ihren Bauch.
Wenn ich es schaffe, nur ein kleines Lächeln auf Miriams Gesicht zu bringen. Nur ein kleines Lächeln. Das ist es, was ich will.

2. Szene: In Mirjams Haus, in Mirjams Bauch

Dinah: Miriam? Wo bist du?

Abigal: Vielleicht arbeitet sie schon auf dem Feld?

Michal: Und wo ist ihre Familie? Vielleicht sollten wir einfach wieder alle heimgehen.

Dinah: Ich hab's ihr versprochen, und sie hat mir versprochen, dass sie daheim ist. Wahrscheinlich ist die Familie auf dem Feld und Miriam nur schnell auf dem Abort. Im neunten Monat, da drückt das Kind auf die Blase. (Sie setzt sich auf den Boden)

---

99 Anmerkung: Diese vier unweiblich brutalen Zeilen sind eine fast wörtliche Anleihe aus den letzten Versen des Brandstifters und Schänders der minderjährigen Witwe, des Mörders von Jenny Towler und Shmul Meier in der *Ballade, in der Macheath um Verzeihung bittet* am Schluss von Brechts Dreigroschenoper.

Abigal: Und was denkt sich das Kind in ihrem Bauch, in dem kleinen Köpfchen, das auf Miriams Blase drückt? Ich glaub, ich kann mir's denken.

Michal: Glaubst du.

Abigal: Hilf mir mal, Michal, ich möcht jetzt das Kind sein in Miriams Bauch.
(Am Rücken kopfunter abgestützt von Michal, den Kopf in Dinahs Schoß legend, spricht Abigal ...) Mama, hörst du mich? Ich weiß, du kannst nichts dafür, dass ich in dir drin bin. Aber was wird, wenn ich rauskomme? Werden sie mich Römerbastard nennen? Werden sie mich zum Spaß den kleinen Romulus rufen? Oder Gaius oder Julius oder Augustus? Gaius, komm her, spiel mit uns Verstecken! Julius hau ab, du stinkst nach Römer! Augustus schleich dich, spiel mit den Mädchen! Da kommt Romulus der Gute, Römersohn von einer Nute.

Michal: Abigal, du bist gemein.

Abigal: Ich bin nicht gemein. Kinder sind gemein. Und ich kann mir leicht ausmalen ...

Michal: ... was die Nachbarskinder sagen werden? Bist du sicher? Kommt es nicht drauf an, was diese Kinder von ihren Eltern hören?

(Im Hintergrund betritt Miriam, kaum sichtbar, die Bühne)

Abigal: Und was hören sie von denen?

Michal: Vielleicht, dass Miriams Sohn ein Jude ist wie alle andern, weil Miriam so unschuldig ist wie alle jungen Mädchen, die man römisch per Penis nagelt wie die Männer mit Hammer und Nägeln.

Abigal: Michal, du bist naiv. Du weißt nicht, wie gerne Menschen andere Menschen ausgrenzen, wegschubsen, auslachen.

Michal: Das ist nur eine Seite. Denk zurück an unsere Kindheit. Erinnerst du dich an Malka?

Abigal: Die Tochter von Jokebed?

Michal: Niemand kannte ihren Vater, aber niemand hat sie ausgelacht.

Abigal: Und warum nicht? Weil sie schön war und stark und selbstbewusst und weil sie sogar dem dicken Joakim eine gescheuert hat (sie watscht ihre eigene linke Faust), wenn's drauf ankam.

Michal: Und warum soll Mirjams Sohn oder Tochter nicht genauso stark sein? Warum malst du Mene Tekel an die Wand, indem du von gemeinen Nachbarkindern phantasierst? Lass mich mal ran.
(Jetzt legt sie, wie vorher Abigal, aber von links kommend ihren Kopf auf Dinahs Bauch) Mama, hörst du mich? Hab keine Angst, ich werd' dir keine Schande machen.

(Miriam ist unbemerkt aus dem Hintergrund getreten.)

Miriam: Keine Schande machen? Wer denn, wem?

Abigal: Miriam, einen Besuch wollen wir machen. (Sie umarmt Miriam als erste).

Michal: Na, alles in Ordnung, Miriam? Gut siehst du aus!

Dinah: Wie geht es dir, jetzt wo bald dein Kind kommt?

Miriam: Und wem soll dieses Kind Schande machen? Leute, ich hab doch gesehen, was ihr gespielt habt: Ihr habt gespielt, was dem Kind in meinem Bauch wohl durch den Kopf geht. Meint ihr, ich hätt' mich das nicht auch schon gefragt? Wie oft hab ich mir das schon überlegt! Wie oft hab ich in meinem Kopf und unter meinem Kopftuch genau darüber nachgedacht!

Dinah: Und? Was meinst du, was das Kind in deinem Bauch sich denkt?

Miriam: Setz dich, Dinah, dann spiele ich das Kind in meinem Bauch, mit dem, was ich mir denke, dass mein Sohn sich denkt.

Michal: Dein Sohn?

Miriam: Mein kleiner Sohn, jawohl.

(Sie setzt sich, Rücken zum Publikum, zwischen Dinahs Beine, legt sich dann langsam auf den Rücken und ihre Beine auf Dinahs Schultern, um kopfunter als ihr Kind zu Dinah hinauf zu sprechen) Mama, wie bin ich hierher gekommen? Und wie in dich hinein? Und warum gerade in *dich* hinein? Ich merk doch, dass du mich nicht eingeladen hast, in dein Haus zu kommen. Aber jetzt bin ich hier drin. Und wer hat mich zu dir geschickt? Wer, ja wer? Und hat er nicht gewusst, dass du mich gar nicht haben willst? Und warum, Mama, warum willst du mich nicht haben? Ich bin doch dein Kind, oder? Was kann ich denn dafür, dass ich nun in dir drin bin? Wohin hätt' ich denn gehen sollen? Wohin? Wirst du mich behalten? Ich versprech dir auch, ich werd dir keine Schande machen.

Ich werd immer brav sein, werd keinem Spatzen, keiner Taube was zuleide tun, am Tisch immer alles aufessen und in der Schule immer fleißig sein. Immer fleißig lernen. Vielleicht werd ich sogar einmal ein Rabbi. Ein kluger Rabbi. Das ist der Sohn von Miriam, werden die Leute sagen, das ist der Rabbi Bar Miriam werden sie sagen. Und ich versprech dir, wenn du mich annimmst, werd ich dir keine Schande machen.

(Sie richtet sich abrupt auf und wendet sich zum Publikum).

Ich werd dich annehmen, mein Sohn, und du wirst mein Sohn sein und fleißig die Bücher lernen und du wirst ein Rabbi werden. Ein Rabbi, der das Rechte tut und der sich um Frauen und Kinder und um ihre Rechte kümmert. Und du wirst auf dem Berg stehen mit Armen ausgebreitet und wirst dem Volk verkünden, was recht ist, und die Befreiung ausrufen und ein Ende machen mit aller Gewalt und du wirst die Männer der Gewalt (sie beginnt zu schreien) hinauswerfen und all die Hurensöhne werden den Berg hinunterrennen im Schweinsgalopp und versaufen im Meer und nie mehr schnaufen und nie mehr dorthin zurückkehren wo sie gekrochen sind aus dem Schoß ihrer Mütter!!!

(Sie wird wieder ruhiger, befühlt mit beiden Händen ihren Bauch)

Ja, mein kleiner Liebling, ich werd dich annehmen, ich versprech dir's, deine Mutter wird dich nehmen und dich lieben, denn du kannst nichts dafür.

3. Szene: Warum hast du nicht abgetrieben?

Michal: Warum schaut ihr alle auf mich?

Dinah: Wir schauen nicht auf dich, Michal.

Abigal: Michal, ich hatte nur das Glück, dass ich nicht schwanger wurde.

Michal: Das Glück, nicht schwanger zu werden. Was für ein großes Glück. Was für eine unverdiente Gnade Gottes.
Doch mir hatte Gott der Gnädige ein Kind zugedacht, und einen Engel hat er mir gesandt, einen Erzengel mit Helm und lederner Rüstung, damit er mir sein Kind überbringe. Und ich, die Undankbare, hab dieses Kind von Gott nicht angenommen, sondern es weggemacht.

Dinah: Und ich hab dir geholfen, Michal. Und wir wissen, warum du es nicht haben wolltest und nicht konntest.

Michal: Warum ich es nicht wollte? Weil, ich habe mir gedacht: Fällt denn der Apfel weit vom Stamm? Wenn dieses Kind ein Junge wird, was für einen kleinen Mann werd ich an diesen meinen Brüsten nähren? Einen Romulus mit Wolfsrachen, Wolfszähnen und Wolfs-augen, der lustig mit dem Wolfsschwanz wedelt? Einen fleißigen Frauenschänder? Einen schneidigen Erniedriger? Einen begabten Vergewaltiger namens Titus ben Michal?
Und wenn ich das Kind zur Welt brächte, wem anders als dem Verge-waltiger würde ich damit zuallererst einen netten Gefallen erweisen? Wem anders als den Männern, die Gewalt lieben? Was anders würde ich unterstützen als dass es gut ist, Frauen zu unterficken?
Und noch was, Mädels: Meine Oma pflegte zu sagen: Ein Kind gebä-ren ist wie einen Ziegelstein scheißen. Das ist das Los von uns Frau-en, hat sie gesagt, die Männer müssen da nicht durch, selah. Aber meine Geburt würde ganz viel schwerer sein. Ziegelstein? Nein, ei-nen scharfkantigen Felsbrocken würd' ich scheißen müssen, wenn ich das ans Licht der Welt brächte, was der Soldat mir in den Bauch geschossen hat. Einen Vergewaltiger würd' ich aufziehen!
Warum schaut ihr alle auf mich, die Schuldige, die böse Mutter, die Mörderin ihres Kindes?

Dinah: Niemand schaut auf dich, Michal ...

Michal: Schaut doch auf Miriam. Sie wird die Welt bereichern um einen neuen Römersohn, um einen Nagel mehr am Kreuz, an dem wir alle hängen. Fragt doch Miriam, warum sie uns das antut.

Mirjam: Ich erzähl euch, warum. Mir ging's wie dir, Michal. Und dann bin ich zu Elisabeth.

Dinah: Zu deiner Cousine?

Mirjam: Und sie hat mir aus dem ersten Buch der Könige vorgelesen, Ihr kennt die Stelle: Und da kamen zwei Prostituierte zum König Salomon und standen vor ihm.

Abigal: Miriam, wir kennen die Geschichte ... [1 Kg 3:16-27]

Miriam: Die erste sagte: Bitte, mein Herr! Diese Frau und ich leben im selben Haus. Und ich brachte ein Kind zur Welt, während sie im Haus war. Drei Tage später brachte auch sie ein Kind zur Welt. Wir waren allein im Haus, ich und sie, mit unseren zwei Babies. Und in der Nacht starb ihr Kind, weil sie aus Versehen auf ihm gelegen hatte. Und sie stand auf und nahm mein Kind von meiner Seite und legte ihr totes Kind an meine Seite. Als ich am Morgen aufstand, um meinen Sohn zu stillen, da war er tot. Doch als die Sonne aufging und ich ihn genauer sah, da war es nicht der Sohn den ich geboren hatte. (Sie dreht sich zu Dinah, die jetzt – als Salomon – mit Blick auf das Publikum in der Mitte sitzt)

Michal: Und die andere Hure sagte ... (Sie steht auf): Nein, der lebende Sohn ist meiner, der tote ihrer.

Miriam: Aber die erste sagte: Nein, der tote ist deiner, und mein Sohn der lebendige. Und so kamen sie mit ihrem Streit vor den König. (Sie stellt sich, mit Blick auf „Salomo", gegenüber Michal).

Dinah: Und der König Salomo sprach: Die eine sagt ...

Michal: Mein Sohn lebt, deiner ist tot.

76

Dinah: Und die andere sagt ...

Miriam: Nein, mein Sohn lebt und deiner ist gestorben.

Dinah: Und der König sprach: Bringt mir ein Schwert.

Abigal: Und sie brachten ihm ein Schwert. (Sie reicht Dinah eine lange Schöpfkelle und hockt sich – als das Kind – zwischen Miriam und Michal, die mit Blick auf Dinah stehen).

Dinah: Und der König sagte: Schneidet das lebende Kind entzwei und gebt jeder eine Hälfte!

Miriam: Um Himmels Willen, nein, mein Herr, ich bitte, bitte gebt ihr doch das Kind, nur lasst es am Leben!

Michal: Es soll weder meines sein noch deines. Schneidet es entzwei!

Dinah: Und Salomo sprach das Urteil: Gebt ihr (Geste Richtung Miriam) das Kind, denn sie ist die Mutter.

Michal: Und ich bin die Grausame, weil ich mein Kind totgelegen habe mit meinen massiven Bedenken und meinem schweren unsensiblen Körper, oder weil ich es leichtfertig, so leichtfertig abgetrieben habe? Ein Kind, das mich immer an den Kerl erinnert und mich für immer an den Dreckskerl gebunden hätte?

Dinah: Das Problem, nein: *Dein* Problem ist, dass es nicht nur das Kind des Drecksacks war, sondern auch *deines*.

Michal: Mein Fleisch und Blut, jawohl. Ich habe einen Teil von mir wegmachen müssen, so wie sich eine Füchsin das eigene Bein abbeißt, weil dieses Bein sie in der Falle festhält. (Sie geht Richtung Hintergrund, scheinbar beschämt, aber sie bereitet ihr Spiel vor).
In einer Falle aus Eisen, mit Zähnen, die zuschnappen. Aus Eisen wie diese Kochtöpfe. Kochtöpfe? Nein, das sind Römerhelme. Setzt sie euch auf und steht um mich herum, wie damals. Und du, Dinah, spielst den Vergewaltiger, damit du weißt, was mein Problem ist. Und ich, ich werde mich nicht wehren gegen euch drei.

(Abigal, Miriam und Dinah setzen die Töpfe auf, die auch ihre Augen bedecken. Dinah fasst Michal und wirft sie auf den Boden).

Dinah: Was willst du, dass wir mit dir machen, kleine Jüdin Michal? Darfst alle Wünsche äußern, deine Wünsche sind Befehl für uns, und wir lesen dir alles von den Augen ab.

Abigal: Keine Angst, wir tun dir ja nichts Böses, im Gegenteil.

Dinah: Wir woll'n dir ja nicht wehtun, im Gegenteil. Nur wenn du dich wehrst, dann wird's vielleicht ein bisschen ungemütlich. (Sie kniet mit gespreizten Beinen über Michal und drückt ihre Schultern zu Boden). Schau mir in die Augen, kleine Jüdin ...

Michal: Die kleine Jüdin spuckt dir ins Gesicht!

(Abigal und Dinah reißen Michal plötzlich herum, so dass sie auf dem Bauch liegt).

Dinah: Jetzt werd ich dir was spucken, du kleine Dorfhure!

Abigal: Zeigs ihr, Kamerad, und zeigs ihr richtig, wie man's macht bei den Soldaten. Aber tu sie nicht verletzen, hörst du, ich komm nach dir dran!

Miriam: Lasst sie los, ihr Dreckskerle, lasst sie los.
(Sie hält eine umgarnte Spindel gegen Abigal).

Abigal: Mann was bist denn du für einer, schwul, oder?

Miriam: Lasst sie los, oder ...

Abigal: Oder was?

Miriam: Oder ich bring euch um, ihr Schweine!

(Miriam zieht unvermutet das Garn von der Spindel, ein blitzendes Messer kommt zum Vorschein. Abigal zuckt zurück, Dinah lässt Michal los und springt auf).

4.Szene: Miriam prophezeit

Dinah: Miriam, kleine Miriam. Ganz ruhig. Ich bin deine Freundin Dinah, und es war alles nur gespielt, nur Spiel.

Abigal: Echt ist bloß das Messer, oder? Ein Messer in der Spindel. Woher hast du das, Miriam?

Michal: Miriam, es ist alles gut, mir geht's gut, war nur ein Spiel. Bitte gib mir das Messer.

(Zitternd und zögernd fasst Miriam die Spindelwaffe an der Klinge und gibt sie Michal).

Michal: Scharf wie ein Dolch. Woher ...

Miriam: Selbst gemacht.

Michal: Wann?

Miriam: Vor acht Monaten. Als ich noch nicht wusste, dass ich schwanger bin, hab ich von einem alten Küchenmesser das Holzheft weggebrannt und einen Wirtel draufgesteckt.

Abigal: Wozu? (Sie betrachtet das Instrument, das Michal ihr gegeben hat, und gibt es dann weiter an Dinah).

Miriam: Wozu, fragst du?

Dinah: Miriam, jetzt bist du plötzlich aus deiner Rolle gefallen ...

Miriam: Aus meiner Rolle?

Dinah: Aber das war gut so. Wirklich gut so, Miriam.

Miriam: Nein, es ist nicht gut. Diese Erniedrigung wird nie mehr gut. Mein rasender Zorn gegen solche Kerle wird nie mehr gut. Und wisst ihr warum? Weil es Feiglinge sind. Sie fühlen sich als starke Männer und sind doch die feigsten Schweine, die es gibt unter allen, die an die Wand pissen [1 Sm 25:22; 1 Kg 16:11]. Wenn drei Löwen mich zerrissen, drei Bären mich gefressen hätten, na gut. Aber es waren drei Schweine, drei grinsende grunzende Schweine, die dabei waren, als mich das große Schwein im Pantherfell gefressen hat. Der Vater meines Sohnes ist ein Schwein, ein feiges Schwein, versteht ihr das? Sagt mir, wie man ein Kind lieben soll, dessen Vater ...

Michal: ... dessen Vater gar kein Mensch ist?

Miriam: Ich habe einen Traum, fast jede Nacht. In diesem Traum bin ich in der Hand von drei Soldaten und sie können mit mir machen, was sie wollen. Jede Nacht. Wann hört das auf?

Dinah: Es hört auf – vielleicht – wenn du es nochmal erlebst und dabei nicht das Opfer bist. Deshalb hast du ja das Messer in die Spindel eingebaut. Du musst da nochmal durch und anders rauskommen. Wenn nicht im Traum, dann hier in deiner Küche, Miriam. Nimm das Messer, bitte. (Miriam nimmt es wie in Trance)
Wir können das doch spielen, oder? Mit Messer. Vielleicht wird's dir dann besser, Miriam. Also nochmal andersrum, diesmal drei Frauen gegen einen Mann: Michal liegt am Boden, ich bin das Schwein, Miriam hat das Messer, Abigal diesen Strick ... (Sie nimmt ihr Kopftuch ab) ... um mich zu fesseln. Hände auf dem Rücken. Nicht zu fest, ist ja nur Spiel. Nochmal ab:
Jetzt werd ich dir was spucken, du kleine Dorfhure!

(Miriam hält abrupt von hinten das Messer an Dinahs Kehle. Dinah lässt Michal los, die sich beiseite rollt. Miriam drückt Dinah bäuchlings zu Boden, Abigal fesselt ihr die Hände hinterm Rücken, dann wird Dinah wieder aufgesetzt, mit Blick auf das Publikum, das Messer immer noch an ihrer Kehle.)

Abigal: Jetzt bist du dran. Nur essen werden wir dich nicht, du Schwein!

Dinah: Nein! Nein! Bitte nicht! Lass mich am Leben, bitte! Ich wollt dir doch nichts Böses tun, ich wollt doch nur ein Bisschen Spaß haben ...

Abigal: Ein Bisschen Spaß? Ein bisschen Sex mit Frauen, die gar keinen Sex wollen, schon gar nicht mit einem römischen Dreckskerl wie dir?

Dinah: Mädchen, so geht das Spiel nun mal, überall auf der Welt: Die Frauen der Besiegten sind der Spaß der Sieger, oder?

Michal: Das ist eure Spielregel. Aber nun sind wir die Sieger. Wer will mit ihm Spaß haben? Miriam? Abigal? Ich auch nicht. Ja, wenn du ein Mann wärst ...

Abigal: Sag, dass du ein Schwein bist.

Dinah: Ich bin ein Schwein.

Abigal: Sag: Bitte, Mädchen, seid vernünftig ...

Dinah: Bitte, bitte, Mädchen, seid vernünftig.

Abigal: Aber das sind wir doch, mein Lieber. Wir denken messerscharf vernünftig. Schwör, dass du nie mehr ein Mädchen schänden wirst.

Dinah: Ich schwöre es, nie wieder.

Abigal: Wie soll'n wir dir das glauben ohne dass wir dich zum Mädchen machen?

Michal: Du magst doch Mädchen, oder?

(Miriam nimmt das Messer von Dinahs Kehle, gibt es Michal, geht förmlich aus der Szene).

Michal: Was ist los, Miriam.

Dinah: Spielen wir falsch? Hilft dir das nicht?

Miriam: Ich weiß nicht. Dinah ist nicht Panthera. Es ist nicht wie damals. Nicht der Geruch von Schweiß und Leder, nicht das Schwert in seiner Hand, nicht seine Haut auf meiner. Und Rache hilft mir nicht, weil es ihm (sie befühlt ihren Bauch) nicht hilft.

Dinah: Es geht nicht um Rache, Miriam. Sondern um deine Würde. Versuch es, bitte.

Miriam: Gib mir das Messer, Michal. Keine Angst, Dinah. (Sie geht an Dinahs Kehle wie zuvor) Wie heißt du, Schwein?

Dinah: Panthera. Ich bin der Signifer von meiner Kompanie. Ich trag ein Leopardenfell, krieg doppelten Sold. Aber tu mir nichts, bitte.

Miriam: Was soll ich dir denn antun, big Panther?

Dinah: Du hast ein Messer ...

Miriam: Du hattest einen Penis. Weißt du noch, wie du mich erstochen hast?

Dinah: Aber ich hab dich leben lassen.

Miriam: Hast du? Ja stimmt, du hast mich mit dir leben lassen, lebenslänglich. (Sie fasst das Messer an der Spitze und hält es senkrecht, mit dem Griff nach oben, so dass es wie ein Kreuz anmutet). Siehst du dieses Messer, Römer?

Dinah: Ich seh' es. Du kannst mich töten. Aber bitte, tu es nicht. Ich hab selber eine Frau und ein Kind.

Miriam: Du hast ein Kind?

Dinah: Ich hab einen Sohn, drei Monate alt.

Miriam: Und eine Frau? Einer wie du, ein Schwein wie du hat Sohn und Frau?

Dinah: Mein Sohn heißt Dan und meine Frau heißt Leila, wir sind vom Libanon.

Miriam: Dan und Leila, wie schön!

Dinah: Genauer gesagt, wir sind noch nicht verheiratet, ich bin nur ihr Verlobter. Aber ich krieg bald Urlaub, dann ...

Miriam: Ihr Verlobter? Einer wie du ist der Verlobte einer Frau?

Dinah: Die Leila ist so alt wie du ...

Miriam: Mein Verlobter ... mein Verlobter Josef hat mir geschworen, er nimmt das Kind als Sohn an, als seinen Sohn. (Sie lässt den Dolch sinken.) Lasst ihn los.

Michal: Was ist los mit dir, Miriam? Plötzlich keinen Hass mehr? Plötzlich alles vergeben und vergessen?

Miriam: Josef sagt, er zieht ihn groß und macht einen Rebellen aus ihm.

Michal: Einen Rebellen? So einen wie die 2000, die Varus kreuzigen ließ? Miriam, komm zu dir! Mädchen, du weißt doch, was die Römer bezwecken, wenn sie Tausende von unsern jungen Männern kreuzigen und Tausende von unsern Mädchenbäuchen besetzen:

Abigal: Juden ausjäten und Römer reinpflanzen, das ist es was sie wollen, uns zu Römern machen schon in den Bäuchen uns'rer Mütter!

Miriam: Und ihr meint, ihr helft mir, wenn ihr das noch zehnmal wiederholt? Könnt ihr die Zeit neun Monate zurückdrehen? Ich möchte nach vorne schauen, denn vorne ist der Bauch und vorne ist das Leben. Hört zu, wie ich nach vorne schreie:
Ich nenne ihn Yehoshua, und er wird kein Römer sein. Und er wird die Römer rauswerfen, und er wird am Ölberg stehen und das Schwert ziehen und Gott der Herr der Heerscharen wird selbst die Schlacht führen, und der Ölberg wird sich spalten und Feuer wird vom Himmel fallen und die Sonne wird sich verfinstern und in der Dunkelheit werden die Römer aufeinander einschlagen.
Und dann wird mein Sohn einziehn in Jerusalem. Und der Bruchstein aus der gebrochenen Frau wird zum Eckstein werden für Israel ... Hosianna! Gepriesen sei der da kommt aus meinem Schoß. Eure Kleider sollt ihr ausbreiten vor ihm und Palmzweige, wenn er einzieht in Jerusalem! (Sie setzt sich auf die Bank, mit Blick nach vorn)

Michal: Ausziehen wird man ihn und auspeitschen (sie steht auf), ans Kreuz wird man ihn schlagen, kurzen Prozess werden die Römer mit ihm machen, und kein Gott wird ihm zu Hilfe kommen. Wo war denn Gott vor neun Monaten? Wo war denn Gott, als Varus zweitausend Gläubige rausreißen ließ aus ihren Häusern und als die Römer ihnen ihre Kleider vom Leib rissen (sie reißt sich ihr Oberkleid vom Leib) ...

Abigal: Und als man sie mit Peitschen durch die Stadt trieb und ihnen die Haut vom Körper peitschte bis ihnen das Blut aus den Sandalen lief (sie schüttet roten Essig über Michals Oberkörper) ...

Michal: ... als man ihre Hände an die Balken nagelte (sie breitet die Arme aus) und sie den Berg hinauftrieb (sie stellt sich hinter die sitzende Miriam), jeder mit einem Balken auf dem roten Rücken (sie ergreift von hinten Miriams Hände und breitet sie quer aus wie ihre eigenen).
Und wo war Gott, als man die Querbalken hochzog und auf die Senkrechtbalken setzte und die Füße auch noch nagelte ...
(Sie zieht Miriam langsam hoch, ihren Kopf fast zärtlich an Miriams Kopf schmiegend) ... damit die Söhne Israels an Nägeln hängend über Hügel blicken konnten während drunten im Tal die Römer ihre Frauen und Töchter nagelten?

Dinah: Ihr fragt, wo Gott war? Ihr netten kleinen Jüdinnen fragt, wo Gott war? Ich sag's euch: Bei den Naglern war er! Mit den Naglern war ich! Darf ich mich vorstellen? Mein Name ist Jupiter. Wenn ihr ein bisschen Bildung hättet, ihr jüdischen Mädchen vom Lande, dann wüsstet ihr, dass ich, der Gott der Römer, gern verschiedene Gestalt annehme, um Frauen mit Gewalt zu nehmen: Die Europa nahm ich in Gestalt des Stieres, die Antiope als Satyr und die Leda habe ich als Schwan gevögelt, und öfters kam bei meinen Akten mit den spröden Nackten ein schöner Gottessohn heraus.

Michal: (löst sich und Miriam aus jetzt aus der Kreuzposition) Dinah, jetzt fall ich aus der Rolle. Lass den geilen Römergott aus dem Spiel, das ist nicht unsrer, oder?

Dinah: Aber unsre Bäuche besetzen die römischen Besatzer, ganz nach dem Vorbild ihres geilen Großgotts Jupiter. Wie der Lehrer, so die Schüler, wie der Herr, so das Gescherr.

Michal: Und wo ist unser Herr, unser Hashem, der Einzige, der uns beschützen und die Feinde schon lange strafen sollte mit starker Hand?

Dinah: Ja, wo ist Adonai? Wo ist der Herr der Heerscharen?

Miriam: Wo war er? (Sie befühlt ihren Bauch) Mein Gott, mein Gott, warum hast du uns verlassen?

Michal: (schreit) Mein Gott? Kein Gott nirgends, darauf kannst du dich verlassen! Und du kannst ihn auf den Knien anflehen, du kannst ihn bitten und betteln, Adonai Eloheinu, melech haolam, der Herr wird sich nicht blicken lassen. Moses, ja, dem Moses hat er sich gezeigt, zumindest von der Rückseite, damals, als Jahwe mit uns den Vertrag schloss am Sinai. Einen etwas schiefen Vertrag. Denn strafbar ist nur eine Seite.

Dinah: Strafbar sind nur seine Knechte und Mägde, nicht der Herr, oh nein, wo kämen wir da hin? Der Herr kann machen was er will, kann pfeifen auf den Bund, kann zuschauen wie man seine Geschöpfe auseinandernimmt und durch die Hechel zieht. Denn der Herr ist auch der Richter, der Diener Mensch ist immer angeklagt. So war es halt zu allen Zeiten, so ist's bis heute. Aber hier und heute werden wir das Spielbrett drehen, und Gott kommt da hin, wo er hingehört: auf die Bank des Angeklagten ...

Michal: Und wer spielt Gott?

5. Szene: Verhandlung gegen Gott

Richterin: Dinah;
Staatsanwältin: Abigal;
Verteidigerin: Miriam;
Gott: Michal.

Dinah: (klopft mit dem Blechbecher auf die Bank) Es kommt zur Verhandlung die Klage der werdenden Mutter Miriam, Textilarbeiterin, ledig, wohnhaft in Nazaret, gegen Gott, Herr und Schöpfer der Welt, Geburtsdatum, Geschlecht und Wohnort unbekannt. Ich erwähne diese fehlenden Daten nicht zum Scherz. Damit diese Verhandlung nicht zur Farce wird, sollten wir uns klar sein, dass Gott uns nur in Bildern bekannt ist, die wir uns von Gott machen. Wenn wir hier über Gott verhandeln, urteilen wir nur über uns selbst und unsere selbstgemachten, immer falschen und gefährlichen Bilder Gottes. Ob ich selber an Sie glaube (sie deutet mit Gebehand auf Michal), steht nicht zur Debatte. Wenn Sie meine Offenheit entschuldigen ...

Michal: Keine Ursache.

Dinah: Dies gesagt, geh ich direkt in medias res. Zunächst die Formalitäten. Sie sind Jahwe Elohim, der Schöpfer des Universums, der Gott von Abraham, Isaak und Jakob.

Michal: Jawohl (Sie legt um ihre Ohren, unter der Nase durch, ihre Halskette und daran, als Bart, Wolle von Miriams Spinnrocken)

Abigal: Warum hängen Sie sich diesen lächerlichen Bart um?

Michal: Weil, wie Sie selber sagen, wir hier über Bilder urteilen. Und obwohl uns streng verboten ist, uns Bilder von Gott zu machen, kommt er doch stets als Mann daher. Aus gutem Grund:
Hätten denn Abraham, Isaak und Jakob auf eine Frau gehört? Würden Tausende von bärtigen Priestern und Leviten einer Göttin dienen?

Dinah: Ganz zu schweigen von den bärtigen Göttern unserer Besatzer ...

Michal: Ich möchte den Gott spielen, an den die Mehrheit glaubt – auch die der Frauen. Und um den Mann zu spielen, möcht' ich's fühlen, im Gesicht, versteht ihr?

Dinah: Alle einverstanden?
(Da Abigal und Miriam Zustimmung signalisieren ...) Dann bitte ich die Anklage, alle Klagepunkte vorzubringen.

Abigal: Ich beginne ganz am Beginn des Lebens Gottes, nämlich bei seiner Schaffung der Welt in sechs Tagen, und innerhalb dieser Schöpfungsarbeit bei der Geschlechterfrage. Herr Gott, warum haben Sie zuerst den Mann erschaffen, und danach die Frau aus einer seiner Rippen? Als ob der Frauenkörper sich dem Manneskörper einzufügen habe?

Michal: Gültig ist der erste Schöpfungsbericht, und in diesem heißt es: Und Gott schuf den Menschen nach seinem Bilde, nach dem Bilde Gottes schuf er sie, als Mann und Frau schuf er sie. Wenn Sie genau hinhören, merken Sie, dass ich sie als Mann und Frau schuf, weil ich selber Mann und Frau bin!

Abigal: Wirklich, Mann und Frau sind Sie? Dann sagen Sie uns doch: Wie konnte Ihre weibliche Seite von Abraham verlangen, dass er seinen und Sarahs Sohn opfert?

Michal: Fragen Sie den Priester, der diese Opferstory erfunden hat.

Abigal: Wie konnte ein zur Hälfte weiblicher Gott den Todesengel durch Ägypten gehen lassen, damit er die erstgeborenen Söhne der Ägypterinnen töte?

Michal: Wo steht die Horrorstory?

Abigal: Im zweiten Buch Mose.

Michal: Dann fragen Sie den Moses.

Abigal: Ich frage Sie, warum ein anderer Prophet behaupten konnte: So spricht Gott, der Herr der Heerscharen: Nun geh, und schlage Amalek, und vernichte alles was zu ihm gehört, und schone niemand, und töte alles, Mann und Frau und Kind und Säugling, Ochsen, Schafe, Esel und Kamele? [1 Sm 15:2].

Miriam: Dies ist eine Verleumdung meines Mandanten durch einen Schreiberling namens Samuel.

Abigal: Herr Gott, stammt dieser Befehl zum Frauen- und Kindermord aus Ihrem Mund?

Michal: In allen diesen Fällen, wo so ein Silberrücken sagt, er habe meine Stimme gehört, sollten Sie den Mann zurückfragen, mit welcher Stimme Gott zu ihm gesprochen hat, und er solle diese Stimme bitte vorsprechen. Und seien Sie versichert: Es war der dunkel drohende Bass eines alten Löwen, der in der Leere seines Prophetenschädels dröhnte: Nun geh, und schlage Amalek, und schone niemand, und töte alles, Mann und Frau und Kind und Säugling!

Dinah: Sie sagen also, die männlichen Schreiber haben das Bild Gottes, haben Ihr Bild verdreht, verraubtiert, vermännlicht und in Wirklichkeit sind Sie ganz anders?

Michal: So anders wie Männer und Frauen.

Abigal: Moses sprach also nicht in Ihrem Namen, als er nach dem Rachefeldzug gegen die Midianiter den Befehl gab: „Nun tötet alle männlichen Kinder und ebenso alle Frauen, die schon mit einem Mann geschlechtlich verkehrt haben. Aber alle weiblichen Kinder und die Frauen, die noch nicht mit einem Mann geschlafen haben, lasst für euch am Leben"? [Num 31:14-18]

Miriam: Genozid in Gottes Namen? Auf sowas Gotteslästerliches können nur Männer kommen.

Abigal: Dann ist auch nicht in ihrem Namen, wenn wir im fünften Buch Moses das folgende Gebot lesen? „Wenn der Herr, dein Gott, sie in deine Gewalt gibt, sollst du alle männlichen Personen mit scharfem Schwert erschlagen. Die Frauen aber, die Kinder und Greise, das Vieh und alles, was sich sonst in der Stadt befindet, alles in ihr Erbeutete sollst du an dich nehmen"? [Dt 20:12-14]

Miriam: Männer töten, Frauen nehmen: Wie könnte Gott der Gesetzgeber so etwas gebieten?

Abigal: Buch der Richter, Kapitel 21: „Geht hin, und schlagt die Bewohner von Jabesch mit der Schärfe des Schwertes, auch die Frauen und die Kinder. Seht, wie ihr es machen sollt: An allem, was männlich ist, und an allen Frauen, die schon das Lager mit einem Manne geteilt haben, vollzieht den Bann, aber die jungfräulichen Mädchen lasst am Leben." [Ri 21, 10-11].

Michal: Um es nochmals klar zu sagen: Das sind Männertexte, geschrieben sämtlich von bösen alten Silberrücken. Doch immerhin: Alle jungfräulichen Mädchen ließ man am Leben, und sie empfingen und hatten Kinder, die vielleicht eure Urgroßmütter wurden.

Dinah: Sie wollen sagen, wir sind womöglich Urenkel aus dem Samen jüdischer Vergewaltiger?

Michal: Nicht womöglich, sondern sicher. Sind die Männer nicht genau so, wie ihr Töchter von Gewalttätern sie haben wollt? Habt ihr Frauen euch die Männer nicht geschaffen nach eurem Idealbild, als starke Kerle, gute Beschützer und gut im Bett? Keine Angsthasen, keine Mimosen, sondern Männer eben? Hat die Tochter des Königs Saul, und Michal war ihr Name, den Helden David nicht gern zum Mann genommen, nach Zahlung des Brautpreises in Höhe von zweihundert Originalvorhäuten der Philister? [1 Sm 18:26-27]
Oder wär euch lieber eine Welt ganz ohne männliche Gewalt, das heißt ganz ohne Männer? Oder gar keine Welt?
Klagt ihr mich an, weil ich die Welt erschaffen habe? Wäre Nichtsein besser als Sein?

Dinah: Das ist hier nicht die Frage.

Michal: Natürlich ist sie es. Und ich, als euer Schöpfergott, wahrlich ich sage euch, ich kenne eine junge Frau, die über Sein und Nichtsein ihres Kindes entschieden hat – per Abtreibung! Für dieses Kind gibt's keine Welt, nicht wahr? Für dieses Kind gibt's niemals nichts. Denn diese junge Schwangere hat sich entschieden: Nein, hat sie gesagt, nie könnte ich Mutter, Schicksal, Schöpferin eines anderen Menschen sein! Nein, nie soll ein anderes Mädchen durchleben müssen, was ich durchleben musste, Schändung! Nein! So tobte, brüllte es in mir, es darf nicht sein, dass diese Sache ihm, dir, mir widerfährt!

Und Schluss jetzt mit dem blöden Spiel! Ich kann den Gott nicht spielen, weder Gottvater noch Gottmutter! (Sie nimmt den Bart ab) Gott sei Dank, dass ich das Bartdings los bin.

Dinah: Bitte, Michal, du bist die Beste in der Rolle. Versuch es, ohne Bart.

Michal: Soll ich, ja? Dann frage ich euch bartlos und schnörkellos, jede einzelne von euch: Ist es nicht besser für meine Tochter, dass ich sie nicht ausgesetzt habe in dieser Welt der Vergewaltiger? Und ganz im Allgemeinen: Wär es nicht besser, es gäbe diese Welt nicht und es hätte nie eine gegeben? Wenn nie etwas gewesen wäre? Keine Bühne und kein Stück, kein Ensemble und kein Publikum? Wär es nicht besser, Gott hätte diese Welt abgetrieben, als sie schwanger war mit ihr? Sagt mir nur einen Grund, warum es gut war, dass sie diese Welt geboren hat. Nur einen Grund! Ich zähl bis drei! Ich bin ja Gott! Es werde Licht, hab ich gesagt, und drum kann ich auch sagen, Es werde Finsternis, Und schon ist nichts mehr da und nie war was gewesen. Und wenn ihr bei drei noch keinen Grund gefunden habt, warum es die Welt geben soll, dann gibt es sie nicht mehr, die Göttin sprach, das Sein zerbrach, die Welt des Lichts ist plötzlich nichts, weil einszweidrei und ihr seid frei. Wollt ihr das, ja, wollt ihr, dass alles aufhört? Kein Problem, ich bin ja Gott. Einverstanden? Überlegt's euch schnell, ich zähl bis drei!

Abigal: Michal, hast du keinen Mut mehr?

Michal: Eins ...

Dinah: Sie hat kein Kind mehr.

Michal: Zwei ...

Abigal: Und ein Wort von Gott wird enden all das Herzweh und die tausend Stöße der Natur, die unsres Fleisches Erbteil, und endlich sind wir frei ...

90

Michal: Und zwei plus eins macht ...

Miriam: Vier! Wir sind vier! Hör zu, Gott: Du hast uns nicht gefragt, als du die Welt geschaffen hast. Jetzt hast du nicht das Recht, sie zu vernichten, ohne alle zu fragen. Alle. Auch das Kind in meinem Bauch. Wer weiß denn, was mein Sohn vorhat? Wer weiß, warum er kommen will?

Abigal: Genau. Vernichten ist keine kreative Lösung. Mit dieser Vernichtungsfarce wollen Sie, göttliche Hoheit, nur davon ablenken, dass sie auf unsere Fragen und Klagen keine Antwort haben, so wenig wie die Heiligen Bücher, die uns von Ihrer Allweisheit erzählen; dicke Bücher aus den Schreibfedern einer Clique bärtiger Priester. Nur Männer machen Gesetze. Nur Männer können Richter werden. Diese Verhandlung hier ist etwas, das in diesem Männerspiel nicht vorkommt. Völlig fern der Wirklichkeit. Aber das Urteil, das wir sprechen werden, gilt für die Wirklichkeit, für die bekannte Tatsache, dass die Männer der Römer das Vergewaltigen von jüdischen Mädchen als Strategie benützen, das rebellische Volk zu zersetzen. Wenn Tausende von Mädchenbäuchen uns mit Söhnen Roms beschenken, während unsere Männer machtlos zuschauen, dann müssen Frauen eine kreative Lösung finden.

Michal: Na endlich werdet ihr vernünftig, wie es sich gehört für meine Geschöpfe. Für die Kreaturen eines Gottes, der sich ändert, der hinzulernt; einer Göttin, die aus dem brennenden Busch dem Moses sagte: „Ich werde sein, die ich sein werde."

Abigal: Sie wollen sagen, Sie sind ein Gott, der anders wird im Lau der Zeit?

Michal: Was sonst? Ich bin ja nicht aus Stein und nicht aus totem Holz geschnitzt, ich bin aus Leben, und Leben heißt sich ändern, heißt werden, heißt antworten. Habe ich dem Moses aus dem brennenden Busch mit mächtigem Bass geantwortet: „Ich bin der Allmächtige?"
Nein, denn Macht ist das Gegenteil von Recht.
Habe ich ihm gesagt, ich bin allwissend?
Nein, denn wenn die Menschen frei sind, weiß niemand wie's ausgeht.

Habe ich gesagt, ich bin der Größte?

Nein, denn nur den Männern geht es immer um den Größten.

Also merkt euch diesen Dreisatz: Gott ist das Gegenteil von Allmacht, Allweisheit, Größe. Gott ist machtlos, klein und lernt noch.

Kurz gesagt, Gott ist ein Kind.

Gott ist das Kind, das Miriam noch im Bauch hat.

Und hört, was dieses Kind sagt: Ich will leben. Ich will, dass ihr mich annehmt und beschützt. Hab ich kein Recht darauf?

Und jetzt müsst *ihr* was ändern, Mädchen! Ab der Bart und kreative Lösung, ganz genau!

Abigal: Das Gericht zieht sich zur Beratung zurück.

(Abigal, Dinah und Miriam besprechen sich im Hintergrund, während Michal an der Rampe spazierengeht)

Michal: Kreative Lösung? Was könnt' das sein? Da frag ich doch einfach mal meine Geschöpfe. Da frag ich doch euch alle dort unten im Parterre, die dieser irrwitzigen Verhandlung gegen mich zugeschaut haben. Was soll da Kreatives rauskommen? Na, keine Ahnung? Hab ich mir fast gedacht. Ein Mittel gegen massenhafte Vergewaltigung? Das wird es auch in zweitausend Jahren nicht geben, wollen wir wetten? Ich würde ja so gerne unsere Enkelinnen in zweitausend Jahren fragen, wie es bei ihnen aussieht apropos Vergewaltigung. Ob Soldaten da noch immer sagen, die Frauen der Besiegten sind der Spaß der Sieger. Und ob Gott immer noch den Starken hilft, ob er noch immer Bart trägt und nach Weihrauch riecht. Oder ob er schon ein Kind ist.

Kreative Lösung? Was soll das sein?

Abigal: Und jetzt geht's Schlag auf Schlag.

(Sie klopft mit einem Blechbecher dreimal auf die Bank).

Wir verkünden das Urteil.

Erstens, falls Gott allmächtig und allwissend ist, hat er sich der unterlassenen Hilfeleistung gegenüber jungen Frauen und ihren ungewollten Kindern schuldig gemacht.

Zweitens ist Gott jedoch, wie aus eigenem Mund hier dargelegt, viel eher so machtlos, klein und schutzbedürftig wie ein Kind:

Deshalb muss unser Urteil gegenüber Gott vom Kind ausgehen, das Gott ist.

Als Sofortmaßnahme wird deshalb das Gesetz der Definition der Zugehörigkeit zum Judentum geändert. Im ersten Satz, der lautet: Jüdisch ist jedes Kind, das von einem jüdischen Vater abstammt, wird das Wort Vater gestrichen und ersetzt durch Mutter. Damit wird sichergestellt, dass alle diese von Römern gewaltgezeugten Kinder trotzdem zu uns gehören. Es gilt ab sofort: Jude ist, wer von einer jüdischen Mutter abstammt. Der Vater ist egal.

Drittens: Gott wird verpflichtet, die Vaterschaft für alle – ich wiederhole: für alle diese Kinder zu übernehmen. Jedes der gewaltgezeugten Römerkinder hat das Recht, sich als Sohn Gottes zu bezeichnen, oder auch, auf Aramäisch, als Sohn des Vaters, Bar Abbas.

Das Urteil ist gesprochen!

Michal: Vaterschaft für alle. Vater im Himmel, übernehmen Sie bitte. Alle Barei Abbas sind Ihre Söhne. Abigal, du hast dich selber übertroffen mit dieser Pointe am Schluss der Verhandlung.

Dinah: Michal, ich glaube, du siehst das falsch. Das war nicht Spiel. Das ist die Wirklichkeit. Wenn wir diese Legionen von Legionärskindern nicht als unsere Kinder anerkennen, indem wir sie als Söhne Gottes gelten lassen ...

Abigal: ... dann haben die Römer nicht nur in der Arena gewonnen, sondern auch in der Vagina.

Dinah: So ist es. Miriam, dein Kind wird ein Sohn Gottes werden.

Michal: Oder eine Tochter Gottes. Eine Bat Abbas.

Miriam: Es wird ein Sohn, das fühle ich. Das weiß ich. Ein Sohn wird er werden, ein starker Sohn, aber kein Panthera! Fleisch und Frauen wird er nicht fressen. Nein, ein großer Rabbi wird er werden, der den Frauen Recht verschafft.

Abigal: Das wird er!

Miriam: Und er wird die Kinder in die Mitte stellen und er wird sagen: Werdet wie die Kinder, fühlt wie die Kleinen, die keine Schuld haben an dem, was ihre Väter machen.

Abigal: Ein Rabbi für Frauen und Kinder. Und Bar Abbas wird man ihn nennen, Rabbi Bar Abbas!

Miriam: Rabbi Sohn des Vaters, eines Vaters, der nicht unterwirft und der nicht Opfer sondern frei macht.

Dinah: Alle Opfer wird er abschaffen, auch die der Tiere im Tempel!

Miriam: Die Tauben wird er aus dem Käfig lassen, und die Tische der Taubenhändler umschmeißen. Und dann, ja dann wird er die Römer aus Jerusalem verjagen, all die Pantheras und Packdiedas und sie werden hinunterrennen zum Rand des Meeres wie eine Herde von zweitausend Schweinen, und sie werden hineinrennen ins Wasser ...

Dinah: Aber Schweine können schwimmen ...

Michal: Wehe euch, ihr Frauenschänder! Ersäufen wird er euch wie die Ägypter im Roten Meer! Der Sohn der Miriam wird mein Gesalbter sein, gesalbt mit feinstem Nardenöl von der Hand dieser Sünderin, die abgetrieben hat. Als unseren Messias werde ich den Sohn der Miriam salben, und er wird die Sünderin rechtfertigen.

Dinah: Messias? Lieber nicht so hoch hinaus.

Miriam: Jeshua wird mein Sohn heißen, denn er wird gegen die Römer kämpfen und er wird auf dem Ölberg stehen und Gott wird uns helfen in der letzten Schlacht!

Dinah: Jeshua? Hör zu, Miriam: Jeshua heißt Gott rettet, ganz hübsch.
Aber schöner als Jeshua wäre Jitzisha, Lächle Frau. Was meinst du?

Miriam: Jitzisha? Du bist witzig, Dinah.

Dinah: Witzig war die jüdische Mame, die sagte: Mein Sohn wird den Namen meines Vaters tragen. Ich werde ihn Opa nennen.

Abigal: Tststs. Frauen sind so was von dumm.
Wisst ihr warum Salomon so weise war? Ganz einfach: Er hatte

94

tausend Frauen und nie Zeit, auch nur einer zuzuhören.

Dinah: War das ein Lächeln auf Miriams Gesicht?

Miriam: Ich hab nicht gelächelt. Jeshua hat gekichert über den Opa. Fühl mal, er gluckst immer noch.

Dinah: Übrigens, wie heißt der Vater deines Verlobten Josef?

Miriam: Jacob.

Dinah: Dann wird dein nächster Sohn Jacob heißen.

Miriam: Mein nächster Sohn?

Abigal: Und deine erste Tochter Salome wird weiser sein als Salomo.

Dinah: Aber jetzt hast du gelächelt, gib's zu!

Miriam: Jeshua lächelt über seine Schwester Salome. Und jetzt ... jetzt strampelt er, ich fühl's ... Er strampelt, er will laufen, er will raus in diese komische Welt ... Aaaah ...

Dinah: Die ersten Wehen? Hilf mir, Abigal ...

6.Szene: Geburt

Abigal und Dinah bringen Mirjam ins Bett (hinter die Bühne), während Michal an die Rampe tritt.

Michal: Nein, Quatsch. Nur ein dummes Theaterspiel. Ich bin nicht Gott. Ich will keine Göttin sein, die Kinder in diese Welt hineinwirft, in diese Welt, wo Männer über dich kommen ...
Ich setze keine Kinder in diese Welt. Ich habe dieses Kind abgetrieben und bin froh darüber. Ja ich bin froh darüber. Es war das Kind dieses römischen Schweines, nicht meines. Nicht meines!
Nicht meines, nicht meines war es, das ich nicht behalten konnte. Mein Kind, nicht mein Kind, hörst du, mein Kind? Ruhe in Frieden, geborgen in der dunklen Wärme des Nichts. Schlafe, und niemand wird dich wecken. Niemand wird dich foltern, niemand wird dich vergewaltigen, und nie wirst du am Kreuz verrecken.
Michal beginnt, nach der Melodie von Itzik Mangers „Unter den Trümmern von Polen" zu singen:

Michal: Liegst du ruhig im Boden,
mein nicht meiniges Kind,
du hast ja nie was zu weinen.
Wer heult, ist nur der Wind.
Hast doch nichts zu weinen, Tränen weinst du keine.

Liegst du schön in der Erde,
niemand tut dir was an,
kein Wolf, kein Löwe, kein Panther
kein Gott und auch kein Mann.
Hast doch nichts zu weinen, Tränen weinst du keine.

Liegst du unter den Bäumen,
die Bäume streichelt der Wind.
Nur dich, dich streichelt kein Mame,
dein Mame hat kein Kind.
Hast doch nichts zu weinen, Tränen weinst du keine.

(Man hört das Baby schreien)

96

Schau doch, über den Bäumen
Flattert ein Vogel herum.
So munter wie du wärst geworden,
so lebig wie du bist stumm.
Schlaf mein Sohn, schlaf weiter, schlaf, es gibt dich nicht.

(Dinah legt Michal das Bündel Kind in den Arm, bleibt neben ihr stehen, Abigal und zuletzt Miriam treten dazu)

Abigal: Und die Königin von Sabah kam, um das neugeborene Kind des römischen Kaisers anzusehen, und sie brachte ihm allerlei Spielzeug (sie schüttelt die Rassel) ...

Dinah: Und die weise Alte aus dem Morgenlande folgte dem Abendstern und fand das Kind am Morgen und ein feines Lächeln auf den Lippen seiner Mutter.

Michal: Und die Kinderlose vergaß ihre Trauer und ihre Wut und schaute lange auf das Kind und las auf seiner Stirn, welche Rolle es einmal spielen würde.

(Während Abigal, Dinah und Michal die Melodie summen, spricht Miriam ...)

Miriam: Und die Mutter sagte, die Geburt war leicht.
Mein Sohn kam nicht wie ein Ziegelstein,
und er kam nicht wie ein Felsblock,
und doch wird er zum Eckstein werden.

7.Szene: Interaktion mit dem Publikum

Diese Interaktion ist ein wichtiger und integraler Bestandteil von Kein Krippenspiel. Sie ist prinzipiell improvisiert, kann aber durch Platzierung von Inkognitos oder Trollen im Publikum vorbereitet und beeinflusst werden.
Alles Folgende ist selbstverständlich nur als Anregung gedacht.

Dinah: Damit endet dieses seltsame Spiel, das alles sein kann, nur kein Krippenspiel. Angesichts der unerhörten Lästerungen gegen die heilige Jungfrau und den Herrn des Universums, die in diesem Stück von ruchlosen Frauen geäußert wurden, laden wir das verehrte Publikum nun ein, ihrem berechtigten Zorn freien Lauf zu lassen.

Abigal: Das heißt, wir machen Sie zu Richtern über dieses Stück, und wir sind nun die Angeklagten.

Michal: Damit die Debatte nicht außer Rand und Band gerät, und auch damit Sie sich freier fühlen, sich zu äußern, haben wir einige Thesen vorbereitet und auch drei Vertreterinnen sehr unterschiedlicher Sektoren eingeladen ...

Abigal: Aber damit Sie sich zuerst einmal genügend lockern, um sich dann zu trauen, Ihre Meinung zu diesem schändlichen Stück zu äußern, bitte ich Sie an dieser Stelle um eine allgemeine Stimmungsprobe. Sie wissen ja, in der Demokratie hat jeder das Recht, sich einer Mehrheit anzuschließen. Schauen Sie also bitte bei den folgenden Abstimmungen, wieviele Arme schon oben sind, und schließen Sie sich dann an.
Erste Stimmungsprobe: Wir schlagen ihnen zwölf Urteile vor und Sie können wählen so viele Sie wollen, mit Ausnahme der ersten drei: War das Stück an sich (1) gut – (2) mittel – (3) schlecht?
Halten Sie es für (4) interessant – (5) blasphemisch – (6) empörend – (7) teuflisch – (8) menschlich – (9) anregend – (10) langweilig – (11) zerstörend oder – (12) bewegend?
Zweite Stimmungsprobe: Das Zusammenleben in einer pluralen Gesellschaft bedarf eines gewissen Maßes an Respekt für religiöse Anschauungen. [Stichworte Charlie Hebdo, Burkini ...] Wurde dieses Mindestmaß an Respekt für die in unserer Gesellschaft dominante

Religion in unserem Weihnachtsspiel eingehalten? Sie haben zur Auswahl: Erstens Ja – zweitens Nein – und drittens: Muss ich mir noch überlegen ...

Dinah: Wenn diese Fragen an das Publikum Sie allzusehr an Kasperltheater erinnern, haben wir dafür volles Verständnis. Aber bedenken Sie: Auch Goethes Schauspiel vom Doktor Faust und der schwangeren Gretel ging aus von einem Kasperltheater. Und die berühmte Gretchenfrage hieß: Wie hältst du's mit der Religion? Bezogen auf unser Stück würde ich als Gretchen Sie nun fragen: Sollte dieses Stück Affront gegen religiöse Konvention von Theatern gespielt werden dürfen, die irgendwie mit Geldern des Steuerzahlers subventioniert werden? Ja oder nein?

Miriam: An dieser Stelle bitten wir Sie nun, uns Gelegenheit zur Verteidigung zu geben, vor allem gegen die möglichen Anklagen, dieses Stück sei blasphemisch, respektlos gegenüber Jesus, Maria und Josef sowie unpassend für Kinder.

(Vorschlag: **Abigal** plädiert ad Jesus, **Dinah** ad Josef, **Michal** ad Gott, wobei die entsprechenden Punkte aus dem Nachwort Orientierung geben können. Dann kommt wieder Miriam zu Wort):

Miriam: Nun aber zu Miriam, der Titelrolle, und damit zu unseren Thesen, den Thesen dieses Ensembles. Sie dürfen mich gerne jederzeit unterbrechen.
1. Unsere erste These hat Bezug zu meiner Rolle als Miriam: Ich behaupte, dass dieses Stück der Miriam von Nazaret nicht weniger, sondern mehr Respekt zollt als die christliche Tradition einer Gottesmutter, die in erster Linie, und zwar von Anfang bis Ende, von Empfängnis bis Ermordung ihres Sohnes, die passiv gehorsame Rolle spielt, die Frauen unter Männern eben zugedacht ist.
2. Meine zweite These bezieht sich auf meinen Sohn, der in diesem Spiel im Zentrum steht, obwohl er selbst nicht auftritt. Ich behaupte, dass unser Stück auch diesem Jesus unvergleichlich mehr Respekt entgegenbringt als die christliche Tradition eines passiven Opfers, eines Opferkindes, das von einem göttlichen Vater mit einer menschlichen Mutter genau zum Zweck seines späteren Geopfertwerdens gezeugt wurde, und zwar obwohl Miriam zum Zeitpunkt der Zeugung schon mit einem sehr ehrbaren Mann liiert war.

3. Und meine dritte These behauptet: Dieses Weihnachtsspiel vermittelt eine menschlich begreifbare Deutung der Tatsache, dass diese Geburt der Anfang eines Lebens war, dessen Ende Gegenstand von Passionsspielen ist. Von Passionsspielen, die oft genug Anlaß antijüdischer Pogrome wurden. Kurz gesagt: Der Gewalt des Anfangs folgt die Gewalt des Endes und die Gewalt der Vergeltung, der gerechten Strafe für eine grausame römische Hinrichtung, für die die Juden tausend Jahre büßen mussten.

Michal: Warum die Juden? Weil sie den Rabbi Jesus angeblich verraten, verurteilt und ans Kreuz gebracht haben? Damit sind wir bei den Kindern. Selbstverständlich ist unser Drama für Kinder völlig ungeeignet: viel zu brutal, zu körperlich brutal, und einfach unverständlich. Aber wie wirkt es auf Kinder, wenn das Christkind, das an Weihnachten so lieblich in der Krippe liegt, vor Ostern am Kreuz zu Tode gequält wird und dem Heiligabend jedes Jahr Karfreitag folgt? Sind Krippenspiele, in denen womöglich noch der perfide Kindermörder Herodes vorkommt, denn wirklich so kindgerecht? Haben Kinder nicht das Recht, frei zu bleiben von Bildern und Erzählungen, die geeignet sind, Hass auf Menschen anderer Religionen zu lernen?

Abigal: Wir werden Sie nicht fragen, was Sie von unseren Leistungen als Schauspielerinnen halten. Eine wichtigere Frage ist, ob man Vergewaltigung überhaupt theatralisch darstellen sollte. Ruth Klüger meinte, dass das Erzählen einer Folterung – und Vergewaltigung ist eine Folter – dass dieses Erzählen von Folterung oft den Schrecken des stummen, sprachlosen Opfers nivelliert. Kann man einem hilflos Ausgeliefertsein, das stumm und sprachlos macht, Sprache und Raum auf der Bühne geben?

Miriam: Vielleicht kann man nicht, und muss trotzdem? Die amerikanische Traumatologin Yael Danieli schreibt: „Worüber nicht gesprochen wird, kann nicht zur Ruhe kommen. Und wenn es nicht zur Ruhe kommt, wird es weiter schwären, von Generation zu Generation."

Michal: Wir wollen nun ein paar Thesen vorstellen, die nicht mit Ja – Nein, und auch nicht mit Gut – Mittel – Schlecht zu beantworten sind, sondern Ihre persönliche Stellungnahme anregen sollen. Die persönliche Meinung jeder Einzelnen von Ihnen ist gefragt, auch wenn wir nun drei Frauen aus drei verschiedenen politisch-religiösen Richtungen auf die Bühne bitten, um hier auf der Bühne einen Kernraum der Debatte zu bilden. Wir begrüßen ...

(Die drei Vertreterinnen nehmen auf der Bühne Platz).

Dinah: 1. Erste Frage: Ist dieses Stück religiös oder antireligiös? **2.** Zweitens: Dieses Stück verdankt sich ganz wesentlich den Arbeiten der feministischen Theologin und früheren Ordensschwester Jane Schaberg. In ihrem Nachruf am 18.April 2012, am Tag nach Jane Schabergs Tod, schrieb Kathy Schiffer auf einer progressiv katholischen Website: „Jane Schaberg died last night at her home, in the company of friends." Kathy Schiffer erinnert dann an die Anfeindungen, die Jane Schaberg durchlebte, und schließt mit folgenden Sätzen: „Was auch immer sie über Jesus, seine Mutter und seine Kirche gedacht und gelehrt hat, das weiß sie nun. Möge Gott in seiner unendlichen Güte sich ihr nun so zeigen wie er wahrhaft ist." Das klingt schon etwas so, als hätte die kleine Jane die große Güte Gottes arg strapaziert. Aber ein Dr. David Tee sagte es viel deutlicher, nämlich so: „Die Bibel lehrt, dass jeder, der ein anderes Evangelium verkündet als das von Jesus und seinen Jüngern überlieferte, verflucht sei. ... Wenn diese Frau vor ihrem Tod wahrhaftig bereut hätte, wäre ihr wahrscheinlich Gnade und Erlösung zuteil geworden. Jetzt ist es zu spät ..." Jane Schabergs Schuld war groß, denn eine Frau namens Maggy Goff fragte: „Wie viele hat sie weggeführt vom rechten Weg?" Die Trauernde Sue from Buffalo sah nicht alles zu spät für Jane Schaberg, denn sie mutmaßte: „Vielleicht hat sie ihre Augen zum Himmel erhoben und die Worte ‚Es tut mir leid' oder ‚Jesus, verzeih mir' gesprochen, in ihrem Herzen, in dem Bruchteil der Sekunde vor ihrem Tod."
Hier stehen sich anscheinend gegensätzliche Gottesvorstellungen gegenüber. Müssen wir vier Frauen dieses Stück rechtzeitig bereuen? **3.** Unser Theaterstück baut vor allem auf Jane Schabergs These, dass Jesus die Frucht der Vergewaltigung seiner Mutter Maria durch einen römischen Legionär ist, und dass diese bodennahe Sichtweise ein menschlich und theologisch reicheres Potential hat als die Annahme einer jungfräulichen Empfängnis von Gott. Können Sie dieser Behauptung zustimmen? **4.** Wenn Sie nun auf unser Stück einen kurzen Nachruf schreiben müssten, was wäre Ihnen wichtig zu sagen?

Abigal: Der brasilianische Theatermacher Augusto Boal, selbst Opfer eines Gewaltregimes, nämlich der brasilianischen Militärdiktatur von 1974-1995, ist bekannt durch sein Theater der Unterdrückten. In diesem Theater der Unterdrückten ist es üblich, dass die Zuschauer nach dem Stück dazu aufgefordert werden, das Stück mit einem veränderten Schluss so nachzuspielen, dass Konflikte sichtbar werden oder sich auflösen. Das ist bei unserem Stück schwierig. Aber vielleicht haben Sie Vorschläge, was anders, oder mit anderen Rollen gespielt werden sollte? Wir sind für alle Vorschlage offen, außer einem happy end, in dem der Vergewaltiger Miriam heiratet.

Michal: Aber am wichtigsten ist uns, dass Sie am Ende dieses seltsamen Weihnachtsspieles selbst Ihre eigenen Gedanken und Ihre Kritik frei äußern können.

Dinah: Wir danken Ihnen allen für Ihren Applaus, für Ihre Kritik und Ihre zivilisierte, gewaltfreie Diskussion zu Miriams Hebammen. Zur Ehre von Jane Schaberg schließen wir mit einem Nachruf von Shula Fleischer ...

(... siehe nächste Seite!)

C Nachwort

Jane Schaberg,
in memoriam

Nachruf für die Vordenkerin von Shula Fleischer, 18. April 2012

Jane was a true scholar and an amazing researcher. She did not take her writings lightly, and her work should not be considered blasphemy. Please reserve judgement until you have read her books. Only then you can appreciate or dispute her conclusions.

Jane was the kindest human being, taking in children who lived on 12th street in Detroit and giving them an opportunity of an education and exposure to a better life, which their parents could not have done for them.

Jane was kind to animals and found beauty in all of God's creatures even in those deformed and handicapped that most of us would have long walked away from.

In my eyes she merits to sit right next to God. I personally lost a mentor, a colleague and a very dear friend.

May her memory be a blessing!

Wunsch des Autors: Ich hoffe, dass Jane Miriams Hebammen applaudieren würde und Buhrufe von den Leuten kämen, die ihr Auto in Flammen aufgehen ließen (*the Detroit way of auto-da-fé*) ...

Sie, verehrte Leserin, können nun urteilen: Sind Miriams Hebammen blasphemisch, ein Affront, respektlos gegen Jesus, Gott, Maria und das Fest, das uns allen in die Kindheit scheint?

Mein erstes Theaterstück war ein Krippenspiel für Kinder, das als kindgerecht, menschlich berührend und sehr bodennah gelobt wurde. Ich kann belegen, dass diese drei Punkte auch für mein jetziges Schauspiel für vier Frauen gilt. Und dass es das Gegenteil von blasphemisch, unpassend und respektlos ist, kann ich bezüglich vier wichtigen Betroffenen begründen, plus die Kinder.

1. Jesus: Was wäre schlimm daran, wenn er nicht im Stall geboren, zwischen Ochs und Esel in die Krippe gelegt, sondern in tiefster Entwürdigung seiner Mutter gezeugt worden wäre?

Wenn die Würde der Machtlosen gegen die würdelos Brutalen für ihn nicht nur eine Forderung, sondern Einbauteil seines Körpers gewesen wäre, jenes missbrauchten Körpers, der heute in Holz geschnitzt alle Winkel dieser Erde schmückt?

Und wenn seine Fleischwerdung theologisch doch seit Paulus als freiwilliger, extremer Akt der Selbsterniedrigung gedeutet wird, als das Hinabsteigen des Sohnes des Höchsten in die tiefste Entäußerung der Menschennatur: Wie könnte dieser Abstieg wirklich tiefstmöglich sein, wenn seine Zeugung nicht ein extrem gewaltsamer Akt menschlicher Niedrigkeit gewesen wäre?

2. Josef: Ein junger Mann, womöglich antirömischer Rebell, der den Gewalt-gezeugten Römersohn seiner Verlobten als Sohn annimmt: taugt er weniger zur Heiligkeit als der postsexuelle Greis, den Generationen christlicher Maler der Miriam zur Seite stellten?

3. Maria: Beschädigt es die Heiligkeit Mariae, anzunehmen, die Mutterschaft sei ihr nicht von einem Engel verkündet, sondern von einem Vergewaltiger aufgezwungen worden? Welche Frau sollte als heiliger und heilender gelten: Eine, die den Samen Gottes widerspruchslos aufnimmt und das daraus entstandene Kind gehorsam annimmt, weil sie weiß, dass der kleine Fratz von Gott ist – oder eine, die das Kind ihres Vergewaltigers trotzdem mit Liebe annimmt und es mit Güte aufzieht während zwanzig Jahren, in denen sie keinen Tag lang den einen Tag vergessen konnte?

4. Gott: Beschädigt es den Gott des Juden Jesus, dass der Messias Sohn Davids nicht nur aus dem Inzest von Judah mit Tamar, nicht nur aus dem Schoß der Hure Rahab, nicht nur aus dem Bauch der moabitischen Verführerin Ruth, nicht nur aus dem Ehebruch von David mit Bathseba, sondern zuletzt aus der Vergewaltigung der jungen Frau Maria hervorging?

Erniedrigt es Jesu ungewöhnlich entschiedenes Eintreten für Kinder, Frauen, Sünderinnen, wenn es durch seine eigene Biographie begreifbar wird?

Und ist seine so furchtbar „unreine" Zeugung durch Gewalt nicht zumindest viel wahrscheinlicher als anzunehmen, dass der Allmächtige diese eine Samenzelle aus dem Nichts erschuf und genauso wundersam mit Marias Eizelle zusammenbrachte? Falls letzteres der Fall war, bleibt mir zunächst das philosophische Problem, abgeleitet von Occams Prinzip der einfachsten Lösung: Wenn Gott das kann und einmal tat, mit Leichtigkeit – warum nicht immer? Dann könnte seine Menschheit ganz aufhören mt diesem sündigen Sex!

Apropos: Ist es so ehrenwert für den Vater unser, dasselbe Level einzunehmen wie der kinderreiche römische *womanizer* Jupiter, indem er ungebeten der Verlobten eines jüdischen Zimmermanns ein Kind schenkt?

Dürfen wir den Gott des Jesus, den *Vater unser*, mit dem Ersatzvater Joseph vergleichen, der den fremdgezeugten Sohn als seinen eigenen annahm, *„da er gerecht war* und sie nicht bloßstellen wollte" (Mt 1:19). Der Vater unser ist doch auch gerecht, nicht wahr? Hat ihn denn Abraham (Gen 18:25) nicht zurecht gefragt: „Sollte der Richter der ganzen Erde nicht Gerechtigkeit üben?" Wenn die Antwort Ja ist: Wie hätte der Vater unser auch nur erwägen können, den Sohn des Panthera nicht als seinen eigenen anzunehmen?

Und noch eine Frage muss ein Ex-Priesterseminarist hier stellen dürfen: Nach katholischer Lehre muss ein Akt von sexueller Liebe, um sündlos zu sein, immer seinen natürlichen Zweck, nämlich die Zeugung eines Kindes, zumindest als reale Möglichkeit enthalten. Gilt dann nicht auch der Umkehrschluss, dass jede Zeugung sexuelle Liebe enthalten muss? Hat Gott bei Mariä Empfängnis dies beherzigt?

5. Last not least, die Kinder: Natürlich ist das Spiel von Miriams Hebammen kein Kinderspiel: Aber auch Krippenspiele nach dem Lukas-Evangelium, mit Engel, Schäflein und drei Königen, sind als Kindertheater höchst zweifelhaft. Nicht wegen dem Massaker, dem die Kinder Betlehems an Jesu Stelle zum Opfer fielen, sondern weil die Krippe alljährlich schon vor Ostern zum Kreuz wird, für das der Kleine ja von Anfang an von Gott gedacht war. Oder?

Nicht ohne Grund nennt der jüdische Psychologe Erik Eriksson das Christentum eine „Religion der Erwachsenen".[100] Denn Kinder haben feine Antennen ...

Curitiba, 25. Oktober 2018   Konrad Yona Riggenmann

---

100 Erik Erikson, nach Ernst Lange in seinem Vorwort zu Freire, Pädagogik der Unterdrückten, p.17.

Aufführungsrechte

... werden frei von Tantiemen und unabhängig von Ort und Zahl der Präsentationen erteilt, wenn zehn Prozent der Einnahmen anerkannt förderungswürdigen Projekten in folgenden Bereichen zufließen: Menschenrechte von Frauen, Kindern, Minderheiten, interkulturelle und interreligiöse Verständigung (themabezogen etwa in Palästina-Israel), Ökologie und Tierrechte.

Kontakt

konrig@t-online.de
kyriggenmann@gmail.com
facebook, Konrad Yona Riggenmann

Bibliographie

Alberti, Bettina: Die Seele fühlt von Anfang an. Wie pränatale Erfahrungen unsere Beziehungsfähigkeit prägen. München 2005.

Arad, Yitzchak (Hg): The Pictorial History of the Holocaust. Yadvashem, Jerusalem 1990.

Aslan, Reza; Zealot. The Life and Times of Jesus of Nazareth. New York 2013.

Ben-Chorin, Shalom: Paulus. Der Völkerapostel in jüdischer Sicht. München 1980.

Bonder, Nilton: A Alma Imoral. Rio de Janeiro 1998.

Capps, Donald: The Child's Song. Religious Abuse of Children. Louisville, Kentucky 1995.

Callsen, Brigitta et al. (Fritz Peter Knapp, Manuela Niesner und Martin Przybilski): Das jüdische Leben Jesu, Toldot Jeschu. Die älteste lateinische Übersetzung in den Falsitates Judaeorum von Thomas Ebendorfer. Wien und München 2003.

Carroll, James: Constantine's Sword. The Church and the Jews. Boston und New York 2001.

Cohn, Haim: O Julgamento e a Morte de Jesus. Rio de Janeiro 1994 (deutsche Ausgabe: Cohn, Chaim: Der Prozeß und Tod Jesu aus jüdischer Sicht, Frankfurt am Main 1997).

Crossan, John Dominic: Who killed Jesus? New York 1996.

de Rosa, Peter: Der Jesus-Mythos. Über die Krise der katholischen Kirche. München 1993.

Durant, Will: Caesar und Christus. Eine Kulturgeschichte Roms und des Christentums von den Anfängen bis zum Jahr 325 n.Chr. Bern 1949.

Eisler, Robert: Man Into Wolf. An Anthropological Interpretation of Sadism, Masochism and Lycanthropy. London 1951.

Ellis, Marc: Unholy Alliance: Religion and Atrocity in Our Time. Minneapolis 1997.

Ferenczi, Sandor: Schriften zur Psychoanalyse II, Frankfurt/M.1972.

Flusser, David: Jesus in Selbstzeugnissen und Bilddokumenten. Reinbek 1968.

Fricke, Weddig: Standrechtlich gekreuzigt. Person und Prozeß des Jesus aus Galiläa. Reinbek 1991.

Freire, Paulo: Pädagogik der Unterdrückten. Reinbek 1991.

Freud, Sigmund: O Mal-Estar na Civilização [Das Unbehagen in der Kultur]. Obras completas, volume 18. São Paulo 2010.

Greenberg, Irving: The Jewish Way. Living the Holidays. New York 1993.

Häsing, Helga und **Janus**, Ludwig: Ungewollte Kinder. Annäherungen, Beispiele, Hilfen. Reinbek 1994.

Heer, Friedrich: Gottes erste Liebe. Die Juden im Spannungsfeld der Geschichte. Berlin 1981.

Horsley, Richard A. and **Silberman**, Neil Asher: The Message and the Kingdom. How Jesus and Paul Ignited a Revolution and Transformed the Ancient World. New York 1997.

Isaac, Jules: Jesus und Israel. Wien und Zürich 1968.

Janus, Ludwig: Wie die Seele entsteht. Heidelberg 1997.

Janus, Ludwig: Der Seelenraum des Ungeborenen. Pränatale Psychologie und Therapie. Düsseldorf und Zürich 2000.

Josephus, Flavius: Geschichte des Jüdischen Krieges, Wiesbaden 1982.

Kertész, Imre: Kaddisch für ein nicht geborenes Kind. Reinbek2002.

Klausner, Joseph: Jesus von Nazareth. Jerusalem 1952.

Lanzmann, Claude: Shoah. Düsseldorf 1986.

Lapide, Pinchas: Der Rabbi von Nazareth. Wandlungen des jüdischen Jesusbildes. Trier 1974.

Lapide, Pinchas: Er wandelte nicht auf dem Meer. Ein jüdischer Theologe liest die Evangelien. Gütersloh 1984.

Lapide, Pinchas: Wer war schuld an Jesu Tod? Gütersloh 1987.

Lapide, Pinchas: Warum kommt er nicht? Gütersloh 1988.

Lehmann, Johannes: Das Geheinmnis des Rabbi Jesus. Die Wahrheit von Qumran und was Urchristen und Kirche daraus machten. Hamburg 1993.

Levend, Helga und **Janus**,Ludwig (Hg):Drum hab ich kein Gesicht. Kinder aus unerwünschten Schwangerschaften. Würzburg 2000.

Lüdemann, Gerd: Jesus nach 2000 Jahren. Was er wirklich sagte und tat. Lüneburg 2000.

Maccoby, Hyam: Judas Iscariot and the Myth of Jewish Evil. New York 1992.

Maccoby, Hyam: Jesus und der Jüdische Freiheitskampf. Freiburg i.Br. 1996.

Michael, Robert: Holy Hatred. Christian Antisemitism and the Holocaust. New York 2006.

Nicholls, William: Christian Antisemitism. A History of Hate. Lanham (Maryland) 2004.

Sartre, Jean-Paul: Bariona oder Der Sohn des Donners. Reinbek 2013.

Schaberg, Jane: The Illegitimacy of Jesus. A Feminist Theological Interpretation of the Infancy Narratives. San Francisco, ca. 1994.

Schoeps, Hans-Joachim: Jewish Christianity: Factional Disputes in the Early Church. Philadelphia 1969.

Schützenberger, Anne Ancelin, in: The Ancestor Syndrome. Transgenerational Psychotherapy and the Hidden Link in the Family Tree. New York 1998.

Schwab, Gabriele: Haunting Legacies. Violent Histories and Transgenerational Trauma. New York 2010.

Schweitzer, Albert: Die psychiatrische Beurteilung Jesu. Hildesheim, Zürich, New York 2005.

Szondi, Leopold: Schicksalsanalyse. Wahl in Liebe, Freundschaft, Beruf, Krankheit und Tod. Basel 2004.

Tabor, James D.: Die Jesus-Dynastie. Das verborgene Leben von Jesus und seiner Familie und der Ursprung des Christentums. München 2007.

Telushkin, Joseph: Jewish Literacy. The most important things to know about the Jewish religion, its people, and its history. New York 2001.

Travers Herford, Robert: Christianity in Talmud and Midrash. London 1903; reprint 2012 (forgottenbooks).

Van der Kolk, Bessel: The Body Keeps the Score. Brain, Mind and Body in the Healing of Trauma. New York 2014.

Weiss, John: Ideology of Death. Why the Holocaust Happened in Germany. Chicago 1997.

Zimmermann, Béatrice Acklin and **Annen**, Franz: Versöhnt durch den Opfertod Christi? Die christliche Sühneopfertheologie auf der Anklagebank. Zürich 2009.

Verwendete Bibelausgaben:

Arenhoevel, Diego (Hg): Jerusalemer Bibel. Freiburg, Basel, Wien 1968.

Biblehub.com.

Jewish Publication Society: Hebrew-English Tanach. Philadelphia 1999.

Levine, Amy-Jill / **Brettler**, Marc Zvi (editors): The Jewish Annotated New Testament. Oxford 2011.

Bild- und Musikquellen

Cover: Lorenzo Lotto (1480-1557), Nativitá: Wikimedia Commons.
Jüdisches Mädchen, missbraucht von ukrainischem Mob
(Gesamtbild p.3): Arad, p.176, mit freundlicher Genehmi-
gung der Gedenkstätte Yadvashem.

p.4: Madonna der Garnhaspel, Museum Mexico-City: Wikimedia
Commons.

p.17: Nazaret, gemalt vom schottischen Maler David Roberts im
Jahr 1842: Wikimedia Commons.

p.20: Virginis partus, aus dem Hortus Deliciarium der Äbtissin
Herrad von Landsberg: Wikimedia Commons.

p.33: Grabsteine Panthera und Pintaius:
a) Fotos: Wikipedia (Suchbegriffe Panthera bzw. Signifer);
b) Grabstein Panthera gezeichnet: Flusser, p.40, mit freundlicher Genehmigung des Rowohlt Verlags.

p.49: James Tissot (1836-1902), Barabbas: Wikimedia Commons.

p.65: Spindeln mit Wirteln: Wikipedia.

p.103: Jane Schaberg: patheos.com/blogs/kathyschiffer/2012/04/
jane-schaberg-feminist-theologian-has-died.

Lied   **„Unter di khurves fun poyln"**

Text: Manger, Itzig (1911-1969): Dunkelgold. Gedichte jiddisch
und deutsch. Frankfurt am Main 2004.

Musik: Shoul Beresowsky (1908-1975).

CDs: Jalda Rebling, Stefan Maass, Hans-Werner Apel: Die
goldene Pawe. Jiddische Lieder (raumklang.de, 1996).
Daniel Kahn and The Painted Bird: The Broken Tongue.
(paintedbird.de, 2006); oriente.de).

Vokalnoten zu **„Unter di khurves fun poyln"**
„Zu dem Haus von der Miriam"
„Liegst du ruhig im Boden"

Zu dem Haus von der Mir - iam
Ü - ber'm Haus von der Mir - iam
Schlagt den Rö - mern die Fres - sen

führt uns der Mor - gen - stern. Du
neun - mal grinst schon der Mond. So
mit schweren Fels - brok - ken ein. Dann

ar - me kle - i - ne Mi - ir - iam, es
fett und fer - ne und he - el - fen hat
woll'n wir das da-mals ver - ges - sen und

wird schon wie - der wer'n.
er ja nicht ge - konnt.
al - les gern ver - zeih'n.

Mir - iam, - klei - ne Mi - ri - am,

Mir - iam, klei - ne - Mi - ri - am

Mir - am, klei - ne Mi - ri - am,

Mir - iam, klei - ne Mi - ri - am.

Nach dem Gehör notiert vom Autor dieses Stückes, mit Dank an
Itzig Manger und Shoul Beresowsky.

111